RICK WARREN

UNA

Vida

CON

PROPÓSITO®

40 DÍAS CON PROPÓSITO

RICK WARREN
UNA
Vida
CON
PROPÓSITO®

IMPARTIDO POR
RICK WARREN

¿PARA QUÉ ESTOY AQUÍ
EN LA TIERRA?

*L*a misión de Editorial Vida es proporcionar los recursos necesarios a fin de alcanzar a las personas para Jesucristo y ayudarlas a crecer en su fe.

40 DÍAS CON PROPÓSITO
Edición en español publicada por
Editorial Vida – 2008
Miami, Florida

© **2008** por Purpose Driven Ministries

Originally published in the U.S.A. under the title:
The Purpose Driven Life DVD Study Guide
por **The Zondervan Corporation**
Copyright © 2002, 2005 by Purpose Driven Ministries
Previously title *40 Days of Purpose* published by Purpose Driven Publishing
Published by permission of Zondervan, Grand Rapids, Michigan

Traducción y edición: Leonardo Nesticó y Ruth Stremiz-Nesticó
Diseño interior: *Good Idea Productions, Inc.*
Diseño de cubierta: *Cathy Spee*

ISBN - 978-0-8297-5601-2

Categoría: Vida cristiana / Crecimiento espiritual

Impreso en Estados Unidos de América
Printed in the United States of America

08 09 10 11 ❖ 6 5 4 3 2

TABLA DE CONTENIDO

40 días con propósito

Una guía de estudio para grupos pequeños, acompañada por un video y basada en el libro *Una vida con propósito*®

Estás a punto de embarcarte en un viaje de descubrimiento. En los próximos cuarenta días, tú y tus amigos descubrirán juntos la respuesta a la pregunta más importante de la vida: «¿Para qué estoy aquí en la tierra?».

Aquí va una pista para hallar la respuesta: «No se trata de ti... Fuiste creado por Dios y para Dios, y hasta que no entiendas eso, la vida no tendrá sentido. Solo en Dios podemos descubrir nuestro origen, identidad, sentido, propósito, significado y destino. Cualquier otra ruta termina en un callejón sin salida».

40 días con propósito es un estudio en video para grupos pequeños, basado en el libro: *Una vida con propósito*, de Rick Warren; considerado el libro de tapa dura que no pertenece a la categoría de ficción, que más copias ha vendido en la historia.

Estas seis lecciones en video, creadas por Rick Warren, se complementan con una guía específicamente creada para facilitar el estudio y la discusión de los temas. Al combinar estas lecciones con la lectura diaria de *«Una vida con propósito»*, tu grupo pequeño tendrá la oportunidad de discutir las implicaciones y aplicaciones de estas verdades transformadoras. Verás el cuadro completo que describe de qué se trata la vida y comenzarás a vivir la vida para la que Dios te creó.

Esta será una experiencia que cambiará la vida de tu grupo pequeño. Estudiar juntos la palabra de Dios siempre produce un impacto múltiple en nuestras vidas. Una de las características singulares de esta guía de estudio es el formato de cada sesión que se edifica sobre cada uno de los cinco propósitos de Dios para tu vida. Estos propósitos, tal como los hallamos en el libro *Una vida con propósito*, son: Comunión (conectarse), Discipulado (crecer), Ministerio (servir), Evangelismo (comunicar) y Adoración. Cuando veas los siguientes símbolos y dibujos en tu guía de estudio, podrás identificar a qué propósito en particular se está refiriendo cada sección.

Estas lecciones han sido diseñadas para durar noventa minutos. El formato de cada sesión es el siguiente:

Relacionarse (Comunión): El fundamento del crecimiento espiritual es una conexión íntima con Dios y su familia. Esta sección te ayudará a conocer a los miembros de tu grupo, y te dará la oportunidad de revisar tu progreso semana a semana.

Crecer (Discipulado): Esta sección tiene tres componentes:

1) Un versículo bíblico semanal para memorizar, relacionado con el tema de la sesión. Aunque pueda ser un desafío para algunos en tu grupo, te animamos a aprovechar esta oportunidad para crecer más en tu caminar con Dios y practicar este esencial hábito espiritual.

2) Una sesión semanal de enseñanza en video impartida por el pastor Rick Warren. Puedes usar el bosquejo impreso en esta guía de estudio para seguir la explicación de la lección.

3) Las preguntas de discusión han sido diseñadas para facilitar un entendimiento profundo de la Biblia y ayudarte a considerar de qué manera las verdades de la Escritura pueden impactar tu vida.

Servir (Ministerio): Nada nos satisface más que usar los dones que Dios nos ha dado para servir a la familia de Dios. Esta sección los ayudará a descubrir la forma de servir juntos en su iglesia y de servirse unos a otros.

 Hablar de tu fe (Evangelismo): Dios quiere usar a tu grupo pequeño para ganar a tu comunidad para Cristo. Esta sección ha sido diseñada para darte a ti y a tu grupo sugerencias y ejercicios prácticos para expresar el amor de Cristo a otros.

 Adorar (Adoración): Cada sesión de grupo pequeño contiene una invitación a rendirle tu corazón a Dios, expresándole tu adoración. Esta sección guiará a tu grupo a experimentar la adoración de varias maneras: leyendo la Escritura, cantando juntos y hablando de lo que Dios está haciendo en sus vidas. Esta parte del estudio puede ser muy significativa para tu grupo.

Estudio adicional: Si tu grupo tiene tiempo para ampliar su estudio bíblico, incluimos dos o tres preguntas de discusión adicionales en cada sesión.

Preparación para la próxima sesión: Esta sección es una opción para quienes estén dispuestos a seguir estudiando durante la semana, ya sea de forma individual o en grupo. Esta sección, generalmente incluye referencias cruzadas, preguntas e ideas prácticas relacionadas con el tema que se estudiará la próxima semana.

Plan de lecturas diarias: El libro *Una vida con propósito*, del pastor Rick Warren, sigue paralelamente las sesiones semanales de esta guía de estudio. El libro es un medio poderoso para profundizar el compromiso y el entendimiento de los propósitos de Dios en tu vida. Si todos siguen el plan de lecturas diarias, la experiencia de tu grupo pequeño se enriquecerá enormemente.

Consejos para el anfitrión: Estas breves instrucciones recuadradas en gris, son ayudas útiles para la preparación del anfitrión de tu grupo. Aquí está el primer consejo:

CONSEJO PARA EL ANFITRIÓN: LA GUÍA DE ESTUDIO HA SIDO DISEÑADA PARA ESTAR A TU SERVICIO, NO PARA ESCLAVIZARTE A ELLA. NO TE SIENTAS OBLIGADO A RESPONDER TODAS LAS PREGUNTAS DE CADA SECCIÓN. EL OBJETIVO NO ES CORRER A TRAVÉS DE LA SESIÓN, SINO TOMARSE EL TIEMPO PARA DEJAR QUE DIOS OBRE EN SUS VIDAS. TAMPOCO ES NECESARIO QUE TODO EL MUNDO CONTESTE ANTES DE PASAR A LA PRÓXIMA PREGUNTA. DALE A LA GENTE LA LIBERTAD DE HABLAR, PERO NO INSISTAS SI NO LO HACE. LAS DISCUSIONES SERÁN MÁS SALUDABLES Y ABIERTAS SI LA GENTE NO SIENTE LA PRESIÓN DE TENER QUE HABLAR. SI TU GRUPO NO LLEGA A COMPLETAR TODO EL MATERIAL DE LA SESIÓN, PUEDE TRABAJAR SOBRE LA PREGUNTA O ACTIVIDAD RECOMENDADA QUE SE SEÑALA CON UN ASTERISCO (*).

Esta es una breve explicación de las características del DVD de tu grupo pequeño. El video incluye seis *Sesiones de enseñanza* y una sesión especial sobre *Cómo ser un seguidor de Cristo*. Así es como funcionan:

El DVD con las *Sesiones de enseñanza* provee la lección que se enseñará cada semana. Mira las sesiones con tu grupo. Luego de mirar la sesión de enseñanza, continúa el estudio, contestando las preguntas de discusión y siguiendo las actividades de la guía de estudio.

La sesión final *Siguiendo a Cristo* contiene un mensaje breve y muy personal del pastor Rick que explica *Cómo ser un seguidor de Cristo*. El lenguaje sencillo y claro que usa el pastor Rick te permitirá usar este recurso en cualquier momento y con cualquier persona. Si bien él sugiere usarlo al final de la sesión dos, puedes repetirlo tantas veces como lo desees. Puedes, incluso, mostrarlo al final de una sesión donde haya invitados que aún no estén muy seguros de qué significa seguir a Cristo. El anfitrión debería ver este video antes de que el grupo se reúna por primera vez.

Para tener una sesión de grupo pequeño exitosa, sigue estos pasos sencillos:

1. Anfitrión: Antes de que tu grupo llegue, repasa cada sección en esta guía de estudio correspondiente a ese día. Lee las *Directivas de cada sesión para los líderes* en la página 63 que correspondan a esa sesión. Luego ora por cada persona que asistirá a la reunión de tu grupo y pídele al Señor que su Espíritu Santo los guíe.

2. Grupo: Comienza la sesión del grupo usando la sección: *Relacionarse*, de la guía de estudio.

3. Grupo: Mira el DVD de enseñanza, siguiéndolo con el bosquejo de sus guías de estudio.

4. Grupo: Completa el resto de los materiales de discusión correspondientes a cada sesión de la guía de estudio.

Así de simple. ¡Les deseamos que se puedan enriquecer con este estudio!

Sesión uno: ¿Para qué estoy aquí en la tierra?

CONSEJO PARA EL ANFITRIÓN: SI TU GRUPO NO LLEGA A COMPLETAR TODO EL MATERIAL DE LA SESIÓN, PUEDE TRABAJAR SOLO SOBRE LA PREGUNTA O ACTIVIDAD RECOMENDADA QUE SE SEÑALA CON UN ASTERISCO (*).

---

*Si deseas saber para qué te pusieron sobre este planeta,
debes empezar con Dios. Naciste por su voluntad y para su propósito.*

Rick Warren, «Una vida con propósito» (p. 15)

 ## Relacionarse . . . . 15 minutos

1. Si tu grupo es nuevo o tienes nuevos miembros, inviertan algunos minutos en presentarse. Cuenta brevemente cómo te hiciste parte de este grupo pequeño.

*2. Menciona alguna de las cosas que esperas que Dios haga en tu vida, como resultado de estos *40 días con propósito*.

 ## Crecer . . . . 35–40 Minutos

Versículo para memorizar:

*«Porque somos hechura de Dios, creados en Cristo Jesús para buenas obras,
las cuales Dios dispuso de antemano a fin de que las pongamos en práctica».*

Efesios 2:10

Mira ahora el video de la lección y síguela usando tu bosquejo.

I. Las consecuencias de no conocer tu propósito

1. Si no conoces el propósito de tu vida, la misma te parecerá _____ .

«Sale el sol, se pone el sol ... sin cesar va girando el viento ... para de nuevo volver a girar. Todos los ríos van a dar al mar ... A su punto de origen vuelven los ríos, para de allí volver a fluir. Todas las cosas hastían más de lo que es posible expresar...». Eclesiastés 1:5–8

2. Si no conoces el propósito de tu vida, la misma te parecerá _____ .

«Todas las cosas hastían más de lo que es posible expresar. Ni se sacian los ojos de ver, ni se hartan los oídos de oír. Lo que ya ha acontecido volverá a acontecer; lo que ya se ha hecho se volverá a hacer ¡y no hay nada nuevo bajo el sol!». Eclesiastés 1:8–9

3. Si no conoces el propósito de tu vida, la misma te parecerá _____ .

«Ni se puede enderezar lo torcido, ni se puede contar lo que falta». Eclesiastés 1:15

II. Los beneficios de descubrir tus propósitos

«... Sigo adelante esperando alcanzar aquello para lo cual Cristo Jesús me alcanzó a mí. Hermanos, no pienso que yo mismo lo haya logrado ya. Más bien, una cosa hago: olvidando lo que queda atrás y esforzándome por alcanzar lo que está delante, sigo avanzando hacia la meta para ganar el premio que Dios ofrece mediante su llamamiento celestial en Cristo Jesús». Filipenses 3:12–14

1. Conocer el propósito de Dios para tu vida, la

_____ .

«Más bien, una cosa hago ...». (v. 13)

2. Conocer el propósito de Dios para tu vida, la

_____ .

«Olvidando lo que queda atrás y esforzándome por alcanzar lo que está delante ...». (v. 13)

3. Conocer el propósito de Dios para tu vida, aumentará tu

_____

_____

_____

«Sigo avanzando hacia la meta ...». (v. 14)

«Porque yo sé muy bien los planes que tengo para ustedes— afirma el SEÑOR—, planes de bienestar y no de calamidad, a fin de darles un futuro y una esperanza». Jeremías 29:11

4. Conocer el propósito de Dios para tu vida, te preparará para la _____ .

«Para ganar el premio que Dios ofrece mediante su llamamiento celestial en Cristo Jesús». (v. 14)

«Y (Dios) puso en la mente humana el sentido del tiempo ...». Eclesiastés 3:11b

Preguntas de discusión

*1. Lee otra vez el versículo de esta semana: «Porque somos hechura de Dios, creados en Cristo Jesús para buenas obras, las cuales Dios dispuso de antemano a fin de que las pongamos en práctica». Efesios 2:10. ¿Qué te dice este versículo acerca de los propósitos de Dios para tu vida? ¿Crees que es verdad? Si es así, ¿cómo debería esto afectar tu manera de vivir?

2. Eclesiastés 1 menciona que no conocer tu propósito genera tres consecuencias:

   • La vida te parecerá tediosa

   • La vida te producirá insatisfacción

   • La vida te parecerá incontrolable

   ¿Con cuál de estas tres te identificas mejor? ¿Por qué?

3. El apóstol Pablo entendía claramente el propósito de Dios para su vida. Aunque Pablo era un artesano que hacía tiendas, fue capaz de decir: «Solo enfoco mis energías en una cosa». Si pudieras descubrir el propósito de Dios para tu vida, ¿de qué modo esto te ayudaría a enfocar y simplificar tu vida?

Eclesiastés 3:11 dice que Dios ha puesto el sentido de la eternidad en el corazón del hombre.¿Qué piensas que significa este versículo?¿De qué maneras prácticas podemos vivir aquí en la tierra preparándonos para la eternidad?

CONSEJO PARA EL ANFITRIÓN: Dependiendo del tamaño de tu grupo, del tiempo disponible que tengan o de su grado de madurez; podrás usar (o no) las preguntas adicionales provistas al final de esta lección. Puedes usar dichas preguntas como una tarea para el hogar, o responderlas ahora mismo, para una discusión más profunda.

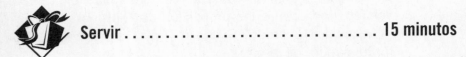 Servir . . . . **15 minutos**

Una vida con propósito no puede vivirse en soledad. No existen los «Llaneros Solitarios cristianos». Esta sección de la guía de estudio ha sido diseñada para ayudarte a vivir tu fe sirviendo a tu grupo y a tu iglesia.

*1. Abre la página donde se encuentran el *Acuerdo y Directivas para el grupo*, en *Recursos para grupos pequeños* de esta guía de estudio, en la página 64. Repasen juntos estas directivas. Las mismas ayudarán a todos a saber qué esperar del grupo y cómo contribuir para que el tiempo juntos sea mutuamente enriquecedor.

2. Un componente central de los *40 días con propósito* es la lectura diaria del libro *"Una vida con propósito"*. Busca el *Plan de lecturas diarias*, en la página 76, y juntos decidan el día que comenzarán a leer el Día 1 del libro. Luego, ponte en pareja con alguno de tu grupo a fin de que puedan leer juntos. Un poco de aliento y una responsabilidad mutua entre tu compañero y tú, pueden ayudarte a cumplir tu compromiso diario de lectura. Recomendamos que cada uno forme pareja con alguno de su mismo sexo. Comuníquense unos con otros, durante la semana o en su reunión de grupo, para hablar sobre lo que están aprendiendo y anímense unos a otros a medida que progresan en la lectura del libro.

Hablar de tu fe...................... 10 minutos

*1. Dios usa a diferentes personas para que influyan en nuestras vidas de maneras muy específicas. ¿En la vida de quiénes quiere Dios usarte? Este es un buen momento para considerar a quién podrías invitar para la próxima reunión. Busca el diagrama de los *Círculos de la vida*, en la página 66 de esta guía de estudio. Piensa durante un momento y pídele a Dios que traiga a tu mente los nombres de personas para cada una de las categorías del diagrama.

2. Asume frente a tu grupo pequeño el compromiso de invitar a la próxima reunión, por lo menos, a una persona del diagrama de los *Círculos de la vida*. ¡Prepárate para el crecimiento! Las encuestas demuestran que al menos la mitad de todas las personas que invitamos a un grupo pequeño, terminan asistiendo.

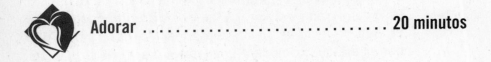

Adorar . . . . **20 minutos**

> **CONSEJO PARA EL ANFITRIÓN:** PARA APROVECHAR AL MÁXIMO EL TIEMPO DE ORACIÓN Y DAR MAYOR OPORTUNIDAD PARA QUE CADA UNO SE EXPRESE, DIVÍDANSE EN SUBGRUPOS DE TRES O CUATRO PERSONAS. ESTO ES ESPECIALMENTE IMPORTANTE SI TU GRUPO TIENE MÁS DE OCHO MIEMBROS.

1. Anoten las peticiones de oración del grupo en el *Informe de oración y alabanza* de la página 67 de la guía de estudio. El seguimiento de las peticiones y las respuestas a las oraciones del grupo podría ser un maravilloso trabajo para algún miembro del grupo. ¿Algún voluntario?

*2. Oren los unos por los otros. Recuerden orar por las personas que quieren invitar a su próxima reunión. Si nunca has orado en voz alta en un grupo, puedes hacer una oración de una sola frase, como: «*Gracias Señor, por crearme con un propósito*». Eso es todo lo que necesitas decir. No tiene que ser una oración elegante o teológicamente profunda, pero seguramente tendrá un profundo significado para ti y para el resto del grupo.

Antes de partir

1. Busca el *Calendario del grupo pequeño*, en la página 69 de *Recursos para el grupo pequeño*. Los grupos saludables comparten la responsabilidad y el sentido de pertenencia al grupo. Completen juntos el calendario, por lo menos para la próxima semana, tomando nota de dónde se reunirán cada semana, quién guiará la discusión y quién proveerá la

comida/bebida. Toma nota de las fechas de acontecimientos sociales/familiares y también de los días de vacaciones. El anfitrión de tu grupo estará muy agradecido por esto y todos se divertirán mucho más. Sería grandioso que alguno de los miembros coordinara el calendario de actividades del grupo.

2. Además, comiencen a reunir la información básica de contacto, es decir, números de teléfono y direcciones de correo electrónico. La *Lista de mi grupo pequeño*, ubicada en la parte interior de la tapa de tu guía de estudio, es un buen lugar para tomar nota. Reparte las guías de estudio en círculo para asegurarte que todos reciban la información de primera mano, cada uno anotando su propia información en las guías de los demás.

Estudio adicional

Esta semana consideramos a dos personajes prominentes: El rey Salomón, el hombre más sabio que jamás vivió; y el apóstol Pablo, que escribió **gran parte** del Nuevo Testamento. Salomón aprendió de primera mano que todo lo que vivimos no tiene sentido si lo hacemos sin una perspectiva eterna. Por otra parte, desde el momento en que fue llamado, Pablo se enfocó claramente en las cosas eternas. Vamos a considerar algunas de las últimas palabras de estos dos grandes hombres de la Biblia.

1. Lee Eclesiastés 9:1–6 y 12:13–14. ¿A qué conclusión llegó Salomón al final de su vida?

2. Lee 2 Timoteo 4:1–5. ¿Qué nos dice Pablo acerca de las lecciones que aprendió en la vida?

*3. De acuerdo a 2 Timoteo 4:6–8, ¿cuál fue la conclusión de Pablo acerca de la vida, al mirar su pasado y considerar su futuro?

4. ¿Qué aprendes de Salomón y de Pablo que te pueda ayudar en la vida?

Preparación para la próxima sesión

*1. A fin de sacar el mayor provecho de este estudio, recomendamos seriamente que sigas el *Plan de lecturas diarias* de la página 76, y leas un capítulo por día de *Una vida con propósito* (Días 1–7). Sería bueno que escribieras tus respuestas, reflexiones y peticiones a Dios, en un diario personal.

2. Asegúrate de llamar a uno de los amigos por los que oraste con el grupo esta semana, e invítalo a una de las reuniones del grupo. Ofrécele ir a buscarlo para la reunión del grupo y luego llevarlo nuevamente a su casa. No te olvides de entregarle una *Guía de estudio* antes de la reunión.

3. Memoriza el versículo de la semana y prepárate para decírselo a alguno en la próxima reunión. Los versículos para memorizar también están incluidos en *Recursos para grupos pequeños*, de la página 75. Una manera fácil de memorizar un versículo es escribirlo (de puño y letra) en un papel entre cinco y ocho veces. Memorizar las Escrituras hará que aumenten tu fe y tu confianza en Dios.

SESIÓN DOS:
ADORACIÓN
FUISTE PLANEADO PARA
AGRADAR A DIOS

> **CONSEJO PARA EL ANFITRIÓN:** SI TU GRUPO NO LLEGA A COMPLETAR TODO EL MATERIAL DE LA SESIÓN, PUEDE TRABAJAR SOBRE LA PREGUNTA O ACTIVIDAD RECOMENDADA QUE SE SEÑALA CON UN ASTERISCO (*).

Dios no necesitaba crearte, pero decidió hacerlo para su propio deleite. Existes para el beneficio, gloria, propósito y deleite de Dios.

Rick Warren, «Una vida con propósito» (p. 65)

Relacionarse . . . . 10 minutos

*1. ¿Qué imagen tenías de Dios cuando estabas creciendo?

2. La mayoría de la gente quiere tener una vida saludable y equilibrada. Una buena manera de controlar nuestro estado de salud, previniendo potenciales problemas, es someternos a controles médicos periódicos. De la misma manera, una evaluación de tu vida espiritual es vital para tu bienestar espiritual. La *Evaluación de la Salud Espiritual* se ha diseñado para que puedas sacar una fotografía de tu salud espiritual. Dedica tres o cuatro minutos a solas para completar la *Evaluación de la Salud Espiritual* que se encuentra en la página 92 de tu guía de estudio. Después de responder cada pregunta, cuenta tus resultados. Luego, ponte en pareja con otra persona (preferiblemente tu compañero de lectura) y cuéntale brevemente en qué propósito te está yendo bien y en cuál necesitas mejorar.

Crecer . . . . 45 minutos

Versículo para memorizar:

«Ama al Señor tu Dios con todo tu corazón, con toda tu alma, con toda tu mente y con todas tus fuerzas».

Marcos 12:30

Mira ahora el video de la lección y síguela usando tu bosquejo.

I. ¿Cómo hacer de la adoración nuestro estilo de vida?

«Por lo tanto, hermanos, tomando en cuenta la misericordia de Dios, les ruego que cada uno de ustedes, en adoración espiritual, ofrezca su cuerpo como sacrificio vivo, santo y agradable a Dios. No se amolden al mundo actual, sino sean transformados mediante la renovación de su mente. Así podrán comprobar cuál es la voluntad de Dios, buena, agradable y perfecta». Romanos 12:1–2

1. **El principio de la _____. (v. 1)**

   • La adoración es una dedicación _____ de tu vida a Dios. Vivimos para Dios no por _____ sino por _____ .

   • La adoración es una dedicación _____ de tu vida a Dios.

   «¿Acaso no saben que su cuerpo es templo del Espíritu Santo, quien está en ustedes y al que han recibido departe de Dios? Ustedes no son sus propios dueños; fueron comprados por un precio. Por tanto, honren con su cuerpo a Dios». 1 Corintios 6:19–20

   • La adoración es una dedicación _____ de tu vida a Dios.

2. El principio de la _____ .
   (v.2a)

   «No se amolden al mundo actual ...». Romanos 12:2a

3. El principio de la _____ .
   (v.2b)

   «Siempre tengo presente al SEÑOR; con él a mi derecha, nada me hará caer. Por eso mi corazón se alegra, y se regocijan mis entrañas; todo mi ser se llena de confianza». Salmos 16:8–9 (DHH)

II. Tres razones para vivir una vida que agrade a Dios

1. **Una vida de adoración es _____ de Dios para ti.**

   «Ahora bien, sabemos que Dios dispone todas las cosas para el bien de quienes lo aman». Romanos 8:28

2. **Una vida de adoración es _____ de Dios para ti.**

«Porque yo sé muy bien los planes que tengo para ustedes ... planes de bienestar y no de calamidad, a fin de darles un futuro y una esperanza». Jeremías 29:11

3. Una vida de adoración es _____ de Dios para ti.

Preguntas de discusión

> **CONSEJO PARA EL ANFITRIÓN:** SI TU GRUPO TIENE OCHO MIEMBROS O MÁS, SUGERIMOS QUE SE DIVIDAN EN SUBGRUPOS DE TRES O CUATRO PERSONAS, A FIN DE LOGRAR MÁS PARTICIPACIÓN Y UNA DISCUSIÓN MÁS PROFUNDA. AL FINAL DE LA DISCUSIÓN, REÚNANSE TODOS PARA COMENTAR LOS PUNTOS MÁS IMPORTANTES SOBRE LOS QUE HAYAN CONVERSADO.

*1. ¿Cuál es la relación entre la adoración y la voluntad de Dios?

2. Cuando escuchas la palabra «adoración», ¿qué es lo primero que viene a tu mente? Haz que alguien lea en voz alta Romanos 12:1. ¿Cómo se define en este versículo la adoración?

3. La Biblia dice que Dios te creó para amarte, disfrutarte y hacerte miembro de su familia. Detente por un momento a pensar en esta declaración. ¿Cómo te hace sentir? ¿Es coherente con tu concepción de Dios?

4. El versículo para memorizar de esta semana es Marcos 12:30: *«Ama al Señor tu Dios con todo tu corazón, con toda tu alma, con toda tu mente y con todas tus fuerzas».* De acuerdo con este versículo, ¿cuál es la mayor prioridad de Dios en tu vida? ¿Se refleja esto en tu vida?

CONSEJO PARA EL ANFITRIÓN: DEPENDIENDO DEL TAMAÑO DE TU GRUPO, DEL TIEMPO QUE TENGAN DISPONIBLE, O DE SU GRADO DE MADUREZ, PODRÁS USAR (O NO) LAS PREGUNTAS ADICIONALES PROVISTAS AL FINAL DE ESTA LECCIÓN. PUEDES USAR DICHAS PREGUNTAS COMO UNA TAREA PARA EL HOGAR, O RESPONDERLAS AHORA MISMO PARA UNA DISCUSIÓN MÁS PROFUNDA.

Servir. . . . . 10 minutos

*1. En Marcos 12:30–31, Jesús dijo que los dos mandamientos más grandes eran amar a Dios y a nuestro prójimo. ¿Cómo puede una vida de adoración (amor a Dios) ayudarte a amar a la gente que está a tu alrededor?

Hablar de tu fe . . . . 10 minutos

*1. Romanos 12:2 dice que no debemos conformarnos a los valores de este mundo. ¿Cómo podemos ganar a otros para Cristo sin amoldarnos al mundo?¿Cómo podemos separarnos del mundo sin aislarnos de él?

Adorar. . . . . 15 minutos

> **CONSEJO PARA EL ANFITRIÓN:** PARA APROVECHAR AL MÁXIMO EL TIEMPO DE ORACIÓN Y DAR MAYOR OPORTUNIDAD PARA QUE CADA UNO SE EXPRESE, DIVÍDANSE EN SUBGRUPOS DE TRES O CUATRO PERSONAS. ESTO ES ESPECIALMENTE IMPORTANTE SI TU GRUPO TIENE MÁS DE OCHO MIEMBROS.

Esta semana hemos aprendido la manera de dedicarnos completamente a Dios, como sacrificios vivos. No hay mayor expresión de adoración que esa.

*1. Si todavía no lo has hecho, dedica los próximos diez minutos a ver la breve explicación «¿Cómo ser un seguidor de Cristo?». Lo encontrarás en el DVD, inmediatamente después de la sesión seis, bajo el título «Siguiendo a Cristo». Si alguno en tu grupo oró por primera vez para recibir a Cristo, tienes que contárselo al resto del grupo para que todos juntos puedan celebrar.

2. Comiencen haciendo oraciones cortas, de una sola frase, para agradecer a Dios por darnos sus bendiciones. Por ejemplo, puedes decir: «Gracias por mi esposa», «Gracias

por mi salud» o «Gracias por proveer para mi familia», etc.

3. ¿Existen barreras que te impiden dedicar completamente tu vida a Dios? Pídele a Dios que te muestre cualquier área de tu vida que necesites rendirle a él. Pídele que te dé la valentía y la voluntad de ponerte completamente en sus manos.

4. Oren los unos por los otros. Recuerda escribir las peticiones en el *Informe de oración y alabanza del grupo pequeño*, en la página 67.

Estudio adicional

*1. Repasa Romanos 12:1–2. ¿Qué significa «ofrecer tu cuerpo a Dios como un sacrificio vivo» y qué beneficios produce el hacerlo? ¿Cómo serían nuestra vida si en verdad viviéramos de esta manera?

2. ¿Cómo es la vida de adoración descripta por Pablo?

3. Lee Salmos 16:8–9. Menciona algunas maneras prácticas de tener en cuenta al Señor en todo momento durante esta semana.

Preparación para la próxima sesión

*1. Sigue adelante con el *Plan de lecturas diarias* de la página 76, y lee un capítulo por día de *Una vida con propósito* (días 8–14). Si estás rezagado, no te desanimes; sigue adelante y avanza en los días del libro, pidiéndole a Dios que te muestre su voluntad para cada día. Te recomendamos que tomes nota de tus pensamientos y de lo que Dios te dice que hagas. Responde la pregunta, da el paso que se pide y haz la oración del final de cada capítulo. Procura que este sea un momento valioso de reflexión en el que Dios te comunique Sus propósitos y pensamientos.

2. Lee 1 Corintios 12:12–26 y Efesios 4:11–16. ¿Qué dicen estos pasajes acerca de cómo debe funcionar el cuerpo de Cristo?

3. Sigue orando por los amigos que quieres invitar la próxima semana. Recuerda llamarlos e invitarlos otra vez. Nunca sabrás si será el llamado más importante que reciban en todo el año.

4. Ora por las necesidades de los miembros del grupo que se anotaron en la lista de alabanza y adoración.

SESIÓN TRES:
COMUNIÓN
FUISTE HECHO PARA LA
FAMILIA DE DIOS

CONSEJO PARA EL ANFITRIÓN: SI TU GRUPO NO LLEGA A COMPLETAR TODO EL MATERIAL DE LA SESIÓN, PUEDE TRABAJAR SOBRE LA PREGUNTA O ACTIVIDAD RECOMENDADA QUE SE SEÑALA CON UN ASTERISCO (*).

Cuando depositamos nuestra fe en Cristo, Dios se convierte en nuestro Padre y nosotros en sus hijos, los demás creyentes se convierten en nuestros hermanos y hermanas, y la iglesia en nuestra familia espiritual.

Rick Warren, «Una vida con propósito» (p. 126)

 ## Relacionarse . . . . 15 minutos

1. Describe al mejor amigo que hayas tenido. ¿Qué hizo que esa amistad fuera tan importante?

*2. Cuando piensas en tu iglesia o grupo pequeño, ¿qué cualidades los constituye en una verdadera familia?

 ## Crecer . . . . 45 minutos

Versículo para memorizar:

«También nosotros, siendo muchos, formamos un solo cuerpo en Cristo, y cada miembro está unido a todos los demás».

Romanos 12:5

Mira ahora el video de la lección y síguela usando tu bosquejo.

«Te escribo esto para que ... sepas cómo debe portarse uno en la familia de Dios, que es la iglesia del Dios viviente ...». 1 Timoteo 3:14–15 (DHH)

I. Cinco ladrillos que edifican la comunión

«El amor debe ser sincero. Aborrezcan el mal; aférrense al bien. Ámense los unos a los otros con amor fraternal, respetándose y honrándose mutuamente. Nunca dejen de ser diligentes; antes bien, sirvan al Señor con el fervor que da el Espíritu. Alégrense en la esperanza, muestren paciencia en el sufrimiento, perseveren en la oración. Ayuden a los hermanos necesitados. Practiquen la hospitalidad. Bendigan a quienes los persigan; bendigan y no maldigan. Alégrense con los que están alegres; lloren con los que lloran. Vivan en armonía los unos con los otros. No sean arrogantes, sino háganse solidarios con los humildes. No se crean los únicos que saben». Romanos 12:9–16

1. El primer ladrillo que edifica la comunión es la

_____ . (v.9)

«Cada palabra que Dios pronuncia tiene poder y tiene vida. La palabra de Dios es más cortante que una espada de dos filos, y penetra hasta lo más profundo de nuestro ser. Allí examina nuestros pensamientos y deseos, y deja en claro si son buenos o malos». Hebreos 4:12 (BLS)

2. **El segundo ladrillo que edifica la comunión es la**
   _____ . (v.10)

   «A no hablar mal de nadie, sino a buscar la paz y ser respetuosos, demostrando plena humildad en su trato con todo el mundo». Tito 3:2

3. **El tercer ladrillo que edifica la comunión es la**
   _____ . (v.12)

   «Si caen, el uno levanta al otro. ¡Ay del que cae y no tiene quien lo levante!». Eclesiastés 4:10

   • _____ *mutuo.*

   • _____ *mutua.*

   • _____ *mutua.*

   «Preocupémonos los unos por los otros, a fin de estimularnos al amor y a las buenas obras». Hebreos 10:24

4. **El cuarto ladrillo que edifica la comunión es la**
   _____ . (v.13)

   «Todos los días se reunían en el templo, y en las casas partían el pan y comían juntos con alegría y sencillez de corazón ...». Hechos 2:46 (DHH)

5. **El quinto ladrillo que edifica la comunión es la** _____ . (v.16)

«Les suplico, hermanos ... que todos vivan en armonía y que no haya divisiones entre ustedes, sino que se mantengan unidos en un mismo pensar y en un mismo propósito».
1 Corintios 1:10

«Dios se opone a los orgullosos, pero da gracia a los humildes». Santiago 4:6

Preguntas de discusión

La vida cristiana significa algo más que creer; es también pertenecer. Dios quiere que seas parte de su familia y que edifiques relaciones profundas, significativas y gratificantes.

1. Lee 1 Timoteo 3:14–15. La Biblia describe a la iglesia como una familia. ¿Qué características de una familia saludable podríamos mencionar, que sean aplicables a la iglesia y a los grupos pequeños?

2. La Biblia dice en Eclesiastés 4:10: «Si caen, el uno levanta al otro. ¡Ay del que cae y no tiene quien lo levante!». ¿Puedes recordar alguna ocasión en la que otros creyentes te hayan ayudado, consolado o satisfecho una necesidad?

*3. En esta sesión has aprendido cuáles son los cinco ladrillos que edifican la verdadera comunión.¿Cuál de ellos es más fuerte en tu iglesia o grupo?¿Cuál de ellos consideras tu mayor desafío personal?

4. Lee 1 Tesalonicenses 5:11, Hebreos 3:13 y 10:25. Según estos versículos, ¿cuáles son los beneficios prácticos de dar y recibir aliento?¿Quién ha sido una fuente de aliento para ti?

CONSEJO PARA EL ANFITRIÓN: DEPENDIENDO DEL TAMAÑO DE TU GRUPO, DEL TIEMPO DISPONIBLE QUE TENGAN, O DE SU GRADO DE MADUREZ, PODRÁS USAR (O NO) LAS PREGUNTAS ADICIONALES PROVISTAS AL FINAL DE ESTA LECCIÓN. PUEDES USAR DICHAS PREGUNTAS COMO UNA TAREA PARA EL HOGAR O RESPONDERLAS AHORA MISMO, PARA UNA DISCUSIÓN MÁS PROFUNDA.

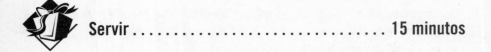

Servir . . . . 15 minutos

CONSEJO PARA EL ANFITRIÓN: EN ESTA SESIÓN NO HAREMOS PREGUNTAS DE LA SECCIÓN HABLAR DE TU FE. QUEREMOS ENFOCARNOS EN LA SECCIÓN SERVIR DE NUESTRA GUÍA DE ESTUDIO.

*1. Cuando el pastor Rick habló del tema de la responsabilidad mutua, alentó a cada miembro del grupo a conseguir un compañero espiritual. Si ya tienes un compañero para leer «Una vida con propósito» puede que él mismo se convierta en tu compañero/a espiritual.

Llama o reúnete con tu compañero espiritual para orar el uno por el otro y animarse el uno al otro a crecer espiritualmente. Podrían reunirse unos breves minutos antes de la reunión del grupo o del servicio del domingo; o pueden destinar unos minutos de la reunión del grupo para que cada uno revise su crecimiento con su respectivo compañero espiritual.

2. Jueguen a la «silla caliente», para alentarse unos a otros. Escojan a alguno del grupo y escriban su nombre en la parte superior de una hoja de papel. Hagan circular el papel para que todos en el grupo escriban algo que aprecian de esta persona sentada en la «silla caliente». Solo escriban una frase u oración. Cuando todos hayan escrito algo, un miembro del grupo tomará la hoja y la leerá en voz alta a la persona en cuestión.

Adorar . . . . **15 minutos**

> **CONSEJO PARA EL ANFITRIÓN:** PARA APROVECHAR AL MÁXIMO EL TIEMPO DE ORACIÓN Y DAR MAYOR OPORTUNIDAD PARA QUE CADA UNO SE EXPRESE, DIVÍDANSE EN SUBGRUPOS DE TRES O CUATRO PERSONAS. ESTO ES ESPECIALMENTE IMPORTANTE SI TU GRUPO TIENE MÁS DE OCHO MIEMBROS.

*1. Oren juntos, pidiendo que su grupo pequeño sea un lugar donde: todos puedan expresar libremente sus sentimientos (autenticidad); se respeten las diferencias (cortesía); todos se alienten unos a otros a crecer (interdependencia); todos pasen tiempo conociéndose unos a otros (hospitalidad); y las personas reciban apoyo y aceptación, a pesar de sus debilidades (unidad). No temas confesar tus debilidades y luchas en las áreas mencionadas más arriba.

2. Oren los unos por las peticiones de los otros, asegurándose de anotarlas en el *Informe de oración y alabanza del grupo pequeño*, de la página 67 de esta guía de estudio.

Antes de Partir

Planifiquen un tiempo, dentro de las próximas tres o cuatro semanas, para que el grupo se reúna solo con propósitos de compañerismo. Tomen sus calendarios y fijen la fecha. Podrían celebrar una fiesta, un picnic, ver una película en la casa de alguno, o simplemente reunirse a comer antes de la reunión del grupo.

Estudio adicional

La comunión genuina dentro del pueblo de Dios, comienza cuando tenemos una relación personal con Jesucristo. Debemos conocerlo a él primero y luego seguir su enseñanza acerca de cómo relacionarnos unos con otros entre los creyentes. Las Escrituras nos hablan acerca de este aspecto importante de la vida cristiana.

*1. En Hechos 2:42–47; y 4:32–37, vemos ejemplos de verdadera comunión dentro de la iglesia primitiva.¿Qué principios podemos aprender de estos versículos?

2. ¿Qué puede impedir que haya una comunión genuina en tu vida, iglesia o grupo pequeño?

3. Lee 1 Corintios 1:10. ¿Qué significa, según este pasaje, que los creyentes deben ser de «un mismo pensar»? ¿Qué diferencia hay entre unidad y uniformidad?

4. Lee Santiago 4:6. En tu opinión, ¿por qué se habla tan duramente en contra del orgullo?

5. ¿Cómo explica Juan nuestra responsabilidad de amar a nuestros hermanos, en 1 Juan 3:14–18?

Preparación para la próxima sesión

*1. Sigue adelante con el *Plan de lecturas diarias*, en la página 76, y lee un capítulo por día de *Una vida con propósito* (días 15–21).

2. Durante esta semana, lee, reflexiona y medita sobre Romanos 8:28–38.

3. Lee Juan 15:1–8. ¿Qué lecciones nos enseña acerca de nuestro crecimiento espiritual? ¿Cuándo te has sentido más conectado a la vid?

4. Repasa los versículos para memorizar. Pídele ayuda a uno de tus amigos o familiares.

Sesión cuatro:
Discipulado
Fuiste creado para ser
como Cristo

> **CONSEJO PARA EL ANFITRIÓN:** SI TU GRUPO NO LLEGA A COMPLETAR TODO EL MATERIAL DE LA SESIÓN, PUEDE TRABAJAR SOBRE LA PREGUNTA O ACTIVIDAD RECOMENDADA QUE SE SEÑALA CON UN ASTERISCO (*)

La meta final de Dios para tu vida sobre la tierra no es la comodidad, sino el desarrollo de tu carácter. Él quiere que crezcas espiritualmente y llegues a ser como Cristo.

Rick Warren, «Una vida con propósito». (p. 187)

Relacionarse . . . . 10 minutos

*1. ¿A quién querías parecerte cuando eras niño?

2. Divídanse en subgrupos de dos o tres personas y hablen de lo que han aprendido hasta aquí en esta serie, y mencionen una cosa que Dios les está pidiendo que hagan.

Crecer . . . . 45 minutos

Versículo para memorizar:

"La actitud de ustedes debe ser como la de Cristo Jesús ...»

Filipenses 2:5

Mira ahora el video de la lección y síguela usando tu bosquejo.

«Lleven a cabo su salvación con temor y temblor, pues Dios es quien produce en ustedes tanto el querer como el hacer para que se cumpla su buena voluntad». Filipenses 2:12–13

- *«**Llevar a cabo**» es tu parte.*

- *«**Producir**» es la parte de Dios.*

I. Tres herramientas que Dios usa para formar el carácter de Cristo en tu vida.

1. La primera herramienta que Dios usa para hacerte más semejante a Cristo es la _____ .

«Toda la Escritura es inspirada por Dios y útil para enseñar, para reprender, para corregir y para instruir en la justicia, a fin de que el siervo de Dios esté enteramente capacitado para toda buena obra ...». 2 Timoteo 3:16–17

«Así que la fe es por el oír, y el oír, por la palabra de Dios». Romanos 10:17 (RV 1995)

- La voluntad de Dios se _____ siempre en su palabra.

- La voluntad de Dios nunca _____ la Biblia.

2. La segunda herramienta que Dios usa para hacerte más semejante a Cristo es el poder de su

_____ .

«Dios, por su poder, nos ha concedido todo lo que necesitamos para la vida y la devoción». 2 Pedro 1:3 (DHH)

«Gracias a la acción de su Espíritu en nosotros, cada vez nos parecemos más a él». 2 Corintios 3:18 (BLS)

3. La tercera herramienta que Dios usa para hacerte más semejante a Cristo son las

_____ .

«Ahora bien, sabemos que Dios dispone todas las cosas para el bien de quienes lo aman ... Porque a los que Dios conoció de antemano, también los predestinó a ser transformados según la imagen de su Hijo ...». Romanos 8:28–29

II. Tres opciones que te ayudarán a ser más como Jesús

1. Puedes elegir _____ .

«Cuida tu mente más que nada en el mundo, porque ella es fuente de vida». Proverbios 4:23 (DHH)

«(Deben) ser renovados en la actitud de su mente». Efesios 4:23

«¿Cómo puede el joven llevar una vida íntegra? Viviendo conforme a tu palabra. Yo te busco con todo el corazón; no dejes que me desvíe de tus mandamientos. En mi corazón atesoro tus dichos para no pecar contra ti». Salmos 119:9–11

2. **Puedes elegir_____ del Espíritu Santo de Dios, momento a momento.**

«Permanezcan en mí, y yo permaneceré en ustedes. Así como ninguna rama puede dar fruto por sí misma, sino que tiene que permanecer en la vid, así tampoco ustedes pueden dar fruto si no permanecen en mí»...Yo soy la vid y ustedes son las ramas. El que permanece en mí, como yo en él, dará mucho fruto». Juan 15:4–5

3. **Puedes elegir _____ a las circunstancias del mismo modo que respondería Jesús.**

«Cuando toda clase de pruebas invadan sus vidas, no las rechacen como a intrusos, sino recíbanlas como si fueran sus amigos. Entiendan que éstas vienen para probar su fe y engendrar paciencia. Pero dejen que el proceso continúe hasta que la paciencia se desarrolle por completo; entonces, se convertirán en personas maduras, íntegras e irreprochables».
Santiago 1:2–4 (PAR)

Preguntas de discusión

1. Algunos han pensado que la referencia de Pablo en Filipenses 2:12 de «llevar a cabo nuestra salvación», significa que tenemos que ganar nuestra salvación. ¿Qué tiene que decir Efesios 2:8–9 acerca de esto?

2. «Llevar a cabo» tu salvación puede compararse al ejercicio físico. Cuando ejercitas tu cuerpo estás desarrollando algo que ya posees. ¿De qué modo el discipulado se asemeja al ejercicio físico?

3. Lee 2 Timoteo 3:16–17. Pablo dice que la Biblia es «útil».¿De qué maneras la Biblia es «útil» en tu vida?¿Qué está impidiendo que la Biblia te ayude más en tu vida?

*4. Lee Romanos 8:28 y Santiago 1:2–4. ¿Cómo ha usado Dios las pruebas y otras circunstancias de tu vida para que crezcas y seas más semejante a Cristo?

CONSEJO PARA EL ANFITRIÓN: Dependiendo del tamaño de tu grupo, del tiempo disponible que tenga o de su grado de madurez, podrás usar (o no) las preguntas adicionales provistas al final de esta sección. Puedes usar dichas preguntas como una tarea para el hogar o responderlas ahora mismo, para una discusión más profunda.

Servir . . . . 10 minutos

*1. ¿Cómo pueden tus circunstancias personales y las experiencias de tu vida ser oportunidades para servir a Dios y a los demás?

2. Reúnete con un compañero espiritual y busca el *Plan de salud espiritual*, de la página 96, en *Recursos para grupos pequeños*. Selecciona un propósito en el que necesites crecer y escribe una acción concreta que podrías realizar esta semana para crecer en ese propósito.

Hablar de tu fe. . . . . 15 minutos

*1. ¿De qué modo Dios usa la Biblia, el poder del Espíritu Santo y las circunstancias en tu vida, para ayudarte a ganar a tus amigos y familiares para Cristo.

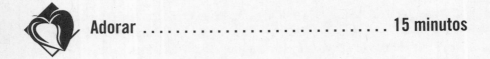

Adorar . . . . **15 minutos**

CONSEJO PARA EL ANFITRIÓN: PARA APROVECHAR AL MÁXIMO EL TIEMPO DE ORACIÓN Y DAR MAYOR OPORTUNIDAD PARA QUE CADA UNO SE EXPRESE, DIVÍDANSE EN SUBGRUPOS DE TRES O CUATRO PERSONAS. ESTO ES ESPECIALMENTE IMPORTANTE SI TU GRUPO TIENE MÁS DE OCHO MIEMBROS.

---

*1. Alaben y agradezcan juntos a Dios por su salvación y su obra transformadora, que nos asemeja más a Cristo. Oren con frases u oraciones cortas para que todos tengan la oportunidad de alabar a Dios. Puedes orar varias veces, pero haz oraciones cortas. Puedes comenzar diciendo: «Padre, gracias por...» o «Jesús, tú nos has dado...».

2. En la lección de hoy aprendimos que tu vida de oración es un indicador que muestra si estás, o no estás, dependiendo de Dios. ¿Qué estás reteniendo que necesitas entregarle a Dios para que él lo maneje? Oren unos por otros sobre estos temas.

Estudio adicional

Dios nos creó para ser como Cristo. Nos dio su palabra, su Espíritu Santo, y prepara las circunstancias que nos ayudan a crecer. Veamos otros pasajes que confirman las verdades estudiadas, y nos desafían a asumir nuestra responsabilidad en el proceso.

*1. ¿Qué verdades nos enseña Efesios 4:22–24 acerca de nuestra responsabilidad en el proceso de nuestro crecimiento espiritual?

2. Según Romanos 10:17, ¿de qué forma la palabra de Dios afecta nuestra fe?

3. ¿Cómo nos alienta Romanos 8:11 a crecer espiritualmente?

4. ¿Qué buena noticia nos da 2 Corintios 3:18 sobre la obra de Dios en nosotros?

Preparación para la próxima sesión

*1. Sigue adelante con el *Plan de lecturas diarias,* de la página 76, y lee un capítulo por día de *Una vida con propósito* (días 22–28).

2. Lee Juan 13:1–17. ¿Qué lecciones acerca del servicio puedes aprender de este emotivo ejemplo que dio Jesús?

3. Durante esta semana, lee, reflexiona y medita en Filipenses 2:3–4.

4. Lee Lucas 17:7–10. ¿Qué revela este pasaje sobre nuestra relación con el Señor?

Sesión cinco: Ministerio
fuiste formado para
servir a Dios

> **CONSEJO PARA EL ANFITRIÓN:** Si tu grupo no llega a completar todo el material de la sesión, puede trabajar sobre la pregunta o actividad recomendada que se señala con un asterisco (*).

Fuiste puesto en la tierra para aportar algo.
No fuiste creado solo para consumir sus recursos, para comer,
respirar y ocupar un espacio. Dios te diseñó para que
hicieras una diferencia con tu vida.

Rick Warren, «Una vida con propósito» (p. 247)

 Relacionarse . . . . **15 minutos**

*1. Comenta sobre alguna oportunidad en la que, inesperadamente, alguno haya sido amable contigo.

2. En la sesión de esta semana, conocerás a un hombre cuyos planes de viaje fueron drásticamente interrumpidos. ¿Podrías mencionar alguna ocasión en la que hiciste un viaje que no resultó tal como lo habías planeado?

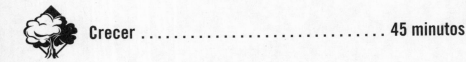 **Crecer** . . . . **45 minutos**

Versículo para memorizar:

«Cada uno ponga al servicio de los demás el don que haya recibido».

1 Pedro 4:10

Mira ahora el video de la lección y síguela usando tu bosquejo.

«Jesús respondió: —Bajaba un hombre de Jerusalén a Jericó, y cayó en manos de unos ladrones. Le quitaron la ropa, lo golpearon y se fueron, dejándolo medio muerto. Resulta que viajaba por el mismo camino un sacerdote quien, al verlo, se desvió y siguió de largo. Así también llegó a aquel lugar un levita, y al verlo, se desvió y siguió de largo. Pero un samaritano que iba de viaje llegó adonde estaba el hombre y, viéndolo, se compadeció de él. Se acercó, le curó las heridas con vino y aceite, y se las vendó. Luego lo montó sobre su propia cabalgadura, lo llevó a un alojamiento y lo cuidó. Al día siguiente, sacó dos monedas de plata y se las dio al dueño del alojamiento. "Cuídemelo —le dijo—, y lo que gaste usted de más, se lo pagaré cuando yo vuelva". ¿Cuál de estos tres piensas que demostró ser el prójimo del que cayó en manos de los ladrones? —El que se compadeció de él —contestó el experto en la ley. —Anda entonces y haz tú lo mismo —concluyó Jesús». Lucas 10:30–37

I. Tres actitudes hacia la gente necesitada

1. _____ .

2. _____ .

3. _____ .

II. Cuatro pasos para servir con propósito

1. _____ las necesidades de la gente a tu alrededor.

   «No hay que buscar el bien de uno mismo, sino el bien de los demás».
   1 Corintios 10:24 (DHH)

2. _____ con el dolor de la gente.

   «Tengan misericordia y ayuden a aquellos que están oprimidos. Compartan sus cargas, y así cumplan la ley de Cristo».
   Gálatas 6:2 (PAR)

   «Él nos consuela en todos nuestros sufrimientos, para que nosotros podamos consolar también a los que sufren, dándoles el mismo consuelo que él nos ha dado a nosotros».
   2 Corintios 1:4 (DHH)

3. _____ el momento y satisfacer la necesidad.

   «Nunca le des la espalda a alguien que necesita ayuda; tu mano es como la mano de Dios para esa persona. No le digas a tu prójimo, "Tal vez en otro momento" o "Llámame mañana", cuando tienes dinero en tu bolsillo con qué ayudar».
   Proverbios 3:27–28 (PAR)

4. _____ lo que sea necesario.

«Por lo tanto, siempre que tengamos la oportunidad, hagamos bien a todos, y en especial a los de la familia de la fe».
Gálatas 6:10

Preguntas de Discusión

1. En tu opinión, ¿por qué mucha gente deja pasar la oportunidad de servir a otros?

*2. El pastor Rick dijo que para ser un siervo debes vencer tus miedos. ¿Qué miedos te impiden servir a otros o satisfacer las necesidades en la familia de tu iglesia local?

3. De acuerdo a 2 Corintios 1:4, Dios permite que pases por ciertas luchas y adversidades a fin de que puedas identificarte con las mismas necesidades de la gente que vas a ministrar. ¿Cómo podrías consolar a otros de la misma manera en que Dios te ha consolado a ti?

CONSEJO PARA EL ANFITRIÓN: DEPENDIENDO DEL TAMAÑO DE TU GRUPO, DEL TIEMPO DISPONIBLE QUE TENGA, O DE SU GRADO DE MADUREZ, PODRÁS USAR (O NO) LAS PREGUNTAS ADICIONALES PROVISTAS AL FINAL DE ESTA LECCIÓN. PUEDES USAR DICHAS PREGUNTAS COMO UNA TAREA PARA EL HOGAR, O RESPONDERLAS AHORA MISMO, PARA UNA DISCUSIÓN MÁS PROFUNDA.

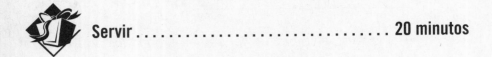

Servir . . . . **20 minutos**

CONSEJO PARA EL ANFITRIÓN: En la sección **HABLAR DE TU FE** no haremos preguntas para que el grupo responda. Queremos enfocarnos en la sección **SERVIR**, de nuestra guía de estudio.

---

1. **Ministerio personal:** Lean juntos y en voz alta los siguientes versículos:

   «Porque somos hechura de Dios, creados en Cristo Jesús para buenas obras, las cuales Dios dispuso de antemano a fin de que las pongamos en práctica». Efesios 2:10

   «A fin de capacitar al pueblo de Dios para la obra de servicio, para edificar el cuerpo de Cristo». Efesios 4:12

   De acuerdo a estos versículos, Dios tiene un ministerio para cada discípulo de Cristo. El ministerio está dirigido a otros creyentes. ¿Qué pasos prácticos podrías dar para descubrir y cumplir el ministerio personal que Dios te ha dado en tu iglesia o grupo pequeño?

*2. **Ministerio del grupo:** Discutan por unos minutos algunas ideas de proyectos ministeriales que podrían hacer juntos en tu iglesia. Podría ser un proyecto en el edificio de tu iglesia o una oportunidad para ayudar a una familia o persona en necesidad. Designen a un voluntario encargado de hablar de esta idea con tu pastor o el líder responsable de la iglesia.

Adorar . . . . **15 minutos**

CONSEJO PARA EL ANFITRIÓN: PARA APROVECHAR AL MÁXIMO EL TIEMPO DE ORACIÓN Y DAR MAYOR OPORTUNIDAD PARA QUE CADA UNO SE EXPRESE, DIVÍDANSE EN SUBGRUPOS DE TRES O CUATRO PERSONAS. ESTO ES ESPECIALMENTE IMPORTANTE SI TU GRUPO TIENE MÁS DE OCHO MIEMBROS.

---

1. Comiencen su tiempo de adoración dando gracias a Dios porque él no ha pasado por alto nuestra necesidad.

2. Pídanle a Dios que los ayude a «bajar la velocidad» para poder ver las necesidades de la gente a su alrededor. Pídanle que los ayude a interesarse por lo que a él le interesa, y que les dé un corazón dispuesto a ayudar a la gente necesitada.

*3. Pídanle a Dios que ayude a cada miembro del grupo a cumplir su ministerio personal, y oren pidiendo la dirección de Dios para el proyecto ministerial que él les ha indicado que hagan juntos.

Antes de partir

1. Solo nos resta una sesión de los 40 días con propósito. Es necesario decidir lo que seguirá estudiando el grupo una vez que haya terminado esta serie. Te invitamos a visitar nuestro sitio de Internet www.saddlebackresources.com, donde encontrarás más guías de estudio en video para grupos pequeños, así como otros estudios que puedes usar para plantar grupos con no creyentes en el trabajo, en la iglesia o en tu vecindario. También puedes suscribirte para recibir nuestras meditaciones diarias de forma gratuita por e-mail (en este momento, las meditaciones solo se encuentran disponibles en inglés).

2. También los animamos a que planeen juntos la séptima sesión. En ella celebrarán todo lo que Dios ha hecho en sus vidas por medio de este grupo pequeño de estudio. Podrían reunirse a cenar, preparar una carne asada o hacer un picnic a fin de tener un momento de compañerismo. También podría ser una excelente oportunidad para invitar a gente que tenga interés en formar parte del grupo. Por lo tanto, comienza a planear la celebración desde ahora.

Estudio adicional

El apóstol Pablo nos da una enseñanza adicional acerca de cómo debería ser nuestra actitud de siervos.

1. Lee Filipenses 2:1–7. Según Pablo, ¿cómo debemos expresar el amor de Cristo al servir a otros?

*2. En Filipenses 2:19–30, Pablo también nos muestra qué clase de siervos eran Timoteo y Epafrodito. ¿Qué podemos aprender de sus ejemplos de servicio?

3. ¿Por qué, con frecuencia, es tan difícil interesarse por otros de forma genuina, poniendo sus intereses antes que los nuestros?

Preparación para la próxima sesión

*1. Sigue adelante con el *Plan de lectura diaria* de la página 76, y lee un capítulo por día de *Una vida con propósito* (días 29–35).

2. Lee Lucas 15 y descubre lo que Dios siente respecto a todos los que se han alejado de su familia.

3. Lee la historia de Zaqueo, en Lucas 19:1–10. ¿Qué principios sobre el evangelismo puedes aprender del encuentro de Jesús con Zaqueo?

4. Lee 2 Corintios 5:17–21. ¿Por qué la palabra describe tu misión en el mundo usando la figura de un embajador (v. 20)?

Sesión seis: Evangelismo
Fuiste hecho para una misión

> **CONSEJO PARA EL ANFITRIÓN:** SI TU GRUPO NO LLEGA A COMPLETAR TODO EL MATERIAL DE LA SESIÓN, PUEDE TRABAJAR SOBRE LA PREGUNTA O ACTIVIDAD RECOMENDADA QUE SE SEÑALA CON UN ASTERISCO (*).

Jesús nos llamó no solo a venir a él sino a ir por él.

Rick Warren, «Una vida con propósito» (p. 306)

Relacionarse . . . . 15 minutos

Oramos para que al completar esta serie, descubran el valor de un grupo pequeño. Esperamos que sigan reuniéndose.

1. Esta es la última lección de esta serie. Destinen unos minutos a agradecer y reconocer la labor de los líderes del grupo. Den gracias a Dios por ellos.

*2. Ponte en pareja con la persona que está sentada a tu lado y cuéntale brevemente tu testimonio. Dile cómo era tu vida antes de conocer a Cristo, cómo conociste a Cristo, y la diferencia que ha marcado en tu vida el haberlo conocido. Si aún estás evaluando el cristianismo, habla sobre tu trasfondo espiritual.

Crecer . . . . 45 minutos

Versículo para memorizar:

*Compórtense sabiamente con los que no creen en Cristo,
aprovechando al máximo cada momento oportuno.*

Colosenses 4:5

Mira ahora el video de la lección y síguela
usando tu bosquejo.

«De la misma manera que tú me diste una misión en el mundo, yo también les doy a ellos una misión en el mundo». Juan 17:18 (PAR)

- *Evangelismo significa* _____ .

«Un día, mientras enseñaba, estaban sentados allí algunos fariseos y maestros de la ley que habían venido de todas las aldeas de Galilea y Judea, y también de Jerusalén. Y el poder del Señor estaba con él para sanar a los enfermos. Entonces llegaron unos hombres que llevaban en una camilla a un paralítico. Procuraron entrar para ponerlo delante de Jesús, pero no pudieron a causa de la multitud. Así que subieron a la azotea y, separando las tejas, lo bajaron en la camilla hasta ponerlo en medio de la gente, frente a Jesús. Al ver la fe de ellos, Jesús dijo: —Amigo, tus pecados quedan perdonados. Los fariseos y los maestros de la ley comenzaron a pensar: "¿Quién es este que dice blasfemias? ¿Quién puede perdonar pecados sino solo Dios?". Pero Jesús supo lo que estaban pensando y les dijo:—¿Por qué razonan así? ¿Qué es más fácil decir: "Tus pecados quedan perdonados", o "Levántate y anda"? Pues para que sepan que el Hijo del hombre tiene autoridad en la tierra para perdonar pecados—se dirigió entonces al paralítico—: A ti te digo, levántate, toma tu camilla

y vete a tu casa. Al instante se levantó a la vista de todos, tomó la camilla en que había estado acostado, y se fue a su casa alabando a Dios. Todos quedaron asombrados y ellos también alababan a Dios. Estaban llenos de temor y decían: "Hoy hemos visto maravillas"». Lucas 5:17–26

I. Cuatro aspectos clave para cumplir la misión de Dios en el mundo

1. El principio de _____.

   «Cada uno debe agradar al prójimo para su bien, con el fin de edificarlo». Romanos 15:2 (DHH)

   • Ora para que Dios ablande
   _____.

   • Ora para que Dios te dé a ti y a tu grupo _____
   _____ para invitar a personas no creyentes.

   • Ora para que Dios ablande _____
   de los no creyentes.

2. El principio de _____.

   «Jesús puede salvar perpetuamente a los que por él se acercan a Dios ...». Hebreos 7:25 (CST)

3. **El principio de** _____.

> *«Entonces el Señor le respondió: Ve por los caminos y las veredas, y oblígalos a entrar para que se llene mi casa».* Lucas 14:23

4. **El principio de** _____.

> *«El Señor ... es paciente para con nosotros, no queriendo que ninguno perezca, sino que todos procedan al arrepentimiento».* 2 Pedro 3:9 (RV 1995)

Deleita a Dios a través de la **adoración**.

Experimenta el compañerismo a través de la **comunión**.

Crece espiritualmente para ser más como Cristo,
a través del **discipulado**.

Sirve a otros a través del **ministerio**.

Comunica las buenas nuevas a través del **evangelismo**.

Dios quiere que no solamente vivamos *vidas* **con propósito**;

Él quiere que edifiquemos *iglesias* **con propósito**.

Preguntas de discusión

La semana pasada aprendimos que Dios quiere que tengas un ministerio en tu iglesia. Esta semana aprenderemos que Dios quiere que tengas una misión en el mundo.

1. Cuando escuchas la palabra «evangelismo» o piensas en hablar a otros acerca de tu fe, ¿qué imágenes vienen a tu mente?

2. Al reflexionar sobre la historia del paralítico de Lucas 5, ¿qué es lo más sobresaliente para ti?

*3. Los cuatro hombres que llevaron al paralítico a Jesús no eran sacerdotes ni pastores; solo eran sus amigos. ¿Te sientes cómodo edificando relaciones con personas que no conocen a Cristo?¿Qué pasos podrías dar para comenzar a edificar tales relaciones?

4. Las necesidades físicas de este hombre eran obvias, pero no lo eran tanto sus necesidades espirituales. ¿Qué necesidades tiene la gente que conoces, necesidades que demuestran su hambre espiritual?

5.   Lee Colosenses 4:5 y 1 Pedro 3:15. ¿Qué principios puedes aprender acerca de cómo testificar de Cristo?

CONSEJO PARA EL ANFITRIÓN: DEPENDIENDO DEL TAMAÑO DE TU GRUPO, DEL TIEMPO DISPONIBLE QUE TENGA, O DE SU GRADO DE MADUREZ, PODRÁS USAR (O NO) LAS PREGUNTAS ADICIONALES PROVISTAS AL FINAL DE ESTA LECCIÓN. PUEDES USAR DICHAS PREGUNTAS COMO UNA TAREA PARA EL HOGAR, O RESPONDERLAS AHORA MISMO, PARA UNA DISCUSIÓN MÁS PROFUNDA.

 Servir . . . . **15 minutos**

*1.   ¿Cómo puedes morir a ti mismo y vivir para tu familia? ¿Y para tu grupo pequeño? Exprésale a tu grupo cuál sería una forma específica y tangible en que puedes combatir el ego-centrismo en el transcurso de esta semana.

 Hablar de tu fe . . . . **15 minutos**

La misión que Jesucristo tuvo en la tierra, de buscar y salvar lo que se había perdido, ahora te la ha dado a ti. Tu misión es simple: comunicar a otros las mismas buenas noticias del amor de Dios que alguna vez alguno te comunicó a ti.

*1. Ponte en pareja con alguno de tu grupo y digan los nombres de dos o tres compañeros de trabajo, amigos, vecinos o familiares que todavía no conocen a Cristo. Hagan una lista y oren por cada uno de ellos. Pídanle a Dios que les dé el valor para iniciar una conversación espiritual con ellos esta semana. Ponte de acuerdo con tu compañero en que ambos orarán todos los días por los nombres de ambas listas.

Mi lista   **La lista de mi compañero**

1. _____   1. _____

2. _____   2. _____

Prison Fellowship
[La confraternidad de la prisión]

Al buscar la guía de Dios respecto al modo de practicar el evangelismo con tu grupo pequeño, ¿has pensado en formas de llegar con el amor de Cristo a las minorías que están perdidas? En tu propia comunidad y más allá, los reclusos y sus hijos esperan recibir el apoyo y el amor de tu iglesia. Alcanzar a estas personas con el amor de Cristo puede ser bastante simple y enormemente gratificante.

Por casi treinta años, *La confraternidad de la prisión* ha trabajado con iglesias como la tuya para que quienes están en las cárceles se puedan reconciliar con Dios, así como con sus familiares y sus comunidades. Miles de iglesias locales en todo el país patrocinan voluntariamente este ministerio, estableciendo relaciones con los prisioneros a través de eventos de evangelismo, seminarios, estudios bíblicos progresivos, y asignando mentores.

A través de *Angel Tree*®, uno de los ministerios más populares de *La confraternidad de la prisión*, se les presenta el amor de Cristo y el apoyo de la iglesia a los hijos de padres encarcelados. Todos los años, cerca de medio millón de niños, hijos de padres que están en prisión, reciben el evangelio y el amor de una iglesia, gracias a las iglesias de *Angel Tree*.

El ministerio de *Amigos por correspondencia* de *La confraternidad de la prisión*, está diseñado para vincular a cualquier encarcelado que quiera tener un amigo cristiano por correspondencia. Miles de iglesias patrocinan este ministerio a través de voluntarios, llevando esperanza en un sobre, ofreciendo amistad a los que están presos, dándoles una conexión con el exterior, comunicando el amor de Dios, y ayudando a crecer a quienes desean seguir a Cristo. Los amigos por correspondencia proporcionan preciosos atisbos de luz en lugares oscuros y solitarios.

Si crees que Dios te está guiando a ganar a los encarcelados y a sus familias para Cristo, contacta al ministerio *La confraternidad de la prisión* en el sitio de Internet www.PrisonFellowship.org/PurposeDriven.*

Adorar . . . . **20 minutos**

---

* Actualmente este sitio de Internet solo se encuentra disponible en inglés.

> **CONSEJO PARA EL ANFITRIÓN:** Para aprovechar al máximo el tiempo de oración y dar mayor oportunidad para que cada uno se exprese, divídanse en subgrupos de tres o cuatro personas. Esto es especialmente importante si tu grupo tiene más de ocho miembros.

*1. Dedica unos minutos a celebrar lo que Dios ha hecho en tu grupo, a lo largo de este estudio de *40 días con propósito*. Cuenta lo que más has disfrutado de estas últimas seis semanas. ¿Cuál es la lección más importante que has aprendido? Luego, ora dando gracias a Dios por todo lo que él ha hecho en tu vida a través de tu grupo pequeño.

Concluyan orando juntos e intercediendo por las personas que mencionaron más arriba:

• Pídele a Dios que ablande tu corazón y te dé un verdadero amor por quienes no conocen a Cristo.

• Pídele a Dios que te dé oportunidades para invitar a otros a tu grupo pequeño, y el valor para hablarles de Cristo.

• Pídele a Dios que ablande y prepare los corazones de la gente para recibir las buenas nuevas de Jesucristo.

¿Ha impactado tu vida este estudio? Al pastor Rick Warren le encantaría saber cómo esta serie, y su libro, *Una vida con propósito*, te han ayudado. Puedes escribirle un correo electrónico a:
40dias@iglesiaconproposito.com.

Antes de partir

1. Asegúrense de hacer planes para la cena o picnic de celebración, a fin de festejar todo lo que Dios ha hecho en el grupo a través de los *40 días con propósito*. Una fiesta constituye una excelente oportunidad para invitar gente nueva que esté interesada en unirse al grupo. Hablen acerca de la celebración antes de que termine la reunión. ¿Dónde se hará la celebración? ¿Cuándo será? ¿Aportarán todos un platillo, harán una carne asada o comprarán pizza? Dividan las responsabilidades y prepárense a disfrutar un tiempo maravilloso de compañerismo. ¡Ustedes lo merecen!

2. Dediquen unos minutos a expresar, informalmente, cómo ha sido su experiencia con el grupo. ¿Qué te ha resultado especialmente útil? ¿En qué área has sentido un desafío? ¿Cómo podría mejorar la experiencia en grupo? ¿Qué opinas sobre la idea de continuar con el grupo? Hablen acerca de estos temas y conversen sobre cualquier inquietud que pueda surgir.

3. Si planean que el grupo continúe, decidan qué tema seguirán estudiando. Puedes visitar nuestro sitio en Internet, www.saddlebackresources.com, para ver nuestras guías de estudio en video para grupos pequeños, y también puedes suscribirte para recibir de forma gratuita nuestras meditaciones diarias por correo electrónico (en este momento, las meditaciones se encuentran disponibles solamente en inglés).

Estudio adicional

Lee Lucas 5:27–32 y Lucas 7:34. ¿Con qué clase de gente se juntaba Jesús? ¿Qué grado de aceptación tienes de toda la gente que está lejos de Dios?

*2. Lee Lucas 14:23. ¿Qué tan diferente sería tu grupo y tu iglesia si realmente pusieran en práctica este versículo?

3. ¿Qué puedes aprender de 2 Pedro 3:8–9 acerca de la paciencia y la perseverancia para ganar a nuestros amigos que no conocen a Cristo?

RECURSOS PARA
GRUPOS PEQUEÑOS

Ayudas para anfitriones/líderes

Las 10 ayudas más importantes para los nuevos líderes

¡Felicitaciones! Al aceptar ser anfitrión/líder de un grupo pequeño, has respondido al llamado para ayudar a pastorear el rebaño de Jesús. Pocas tareas dentro de la familia de Dios sobrepasan la contribución que estás haciendo.

Al prepararte para la reunión de tu grupo, ya sea que debas preparar una sesión o la serie entera, ten en mente las siguientes sugerencias. Te animamos a leer y repasar estos consejos con cada nuevo anfitrión/líder antes de que este comience su labor.

1. **Recuerda: no estás solo.** Dios sabe todo sobre ti, y él sabía que te pedirían que fueras el anfitrión/líder de tu grupo. Sentir que uno no está listo es algo común a todos los buenos anfitriones/líderes. Dios promete: *«Nunca te dejaré; jamás te abandonaré»*. Hebreos 13:5. No importa si serás anfitrión solamente por una noche, por varias semanas, o por el resto de tu vida; serás bendecido por el solo hecho de servir.

2. **No intentes hacerlo solo.** Ora ahora para que Dios te ayude a formar un equipo saludable. Puedes reclutar a un co-líder para que te ayude a pastorear el grupo; esto enriquecerá tu experiencia. Esta es tu oportunidad de involucrar a tanta gente como puedas en el proceso de construir un grupo saludable. Lo único que tienes que hacer es pedirle a la gente que te ayude. La respuesta que obtendrás te sorprenderá.

3. **Sé amigable y sé tu mismo.** Dios quiere usar tus dones y tu temperamento. Recibe siempre a la gente con una gran sonrisa... esto puede determinar la atmósfera de toda la reunión. Recuerda, ¡al asistir a tu casa, ellos están dando un gran paso! No imites lo que hacen otros anfitriones/líderes; sé tú mismo. Si no conoces una respuesta, admítelo; si cometes un error, pide perdón. Tu grupo te apreciará y tú dormirás mejor esa noche.

4. **Prepara las reuniones con anticipación.** Repasa el *Manual* con la sesión, relee esta *Ayuda para anfitriones* y las *Directivas para los líderes de discusión* de la sesión correspondiente. Escribe las respuestas a cada pregunta en tu propia guía de estudio. Presta especial atención a los ejercicios que piden a los miembros del grupo que hagan una actividad que no sea responder una pregunta. Estos ejercicios ayudarán a tu grupo a poner en práctica lo que la Biblia enseña; no solamente a hablar sobre ello. Asegúrate de entender cómo es el ejercicio. Si el ejercicio incluye alguna de las partes de *Recursos para grupos pequeños* (como las *Directivas y el Acuerdo del grupo*), asegúrate de revisar esa parte a fin de que sepas cómo usarla.

5. **Ora por los miembros de tu grupo mencionándolos por sus nombres.** Antes de empezar tu sesión, a solas, dedica unos momentos para orar por cada uno de los miembros, mencionándolos por sus nombres. Es conveniente que repases la lista de oración por lo menos una vez por semana. Pídele a Dios que use el tiempo que estarán juntos para tocar el corazón de cada uno en el grupo. Espera que Dios te guíe a cualquier persona que él quiera que animes o desafíes de una manera especial. Si estás dispuesto a escuchar, seguramente Dios te guiará.

6. **Cuando hagas una pregunta, sé paciente.** Eventualmente, alguno responderá. A veces, la gente necesita un momento de silencio para pensar en la pregunta. Si el silencio no te molesta, tampoco molestará a los demás. Después de que alguno responda, reconoce la respuesta con un simple «gracias», o diciendo: «buena respuesta». Luego, pregunta, «¿qué opinan los demás?» o «¿alguno que no haya hablado, desea agregar algo?». Sé sensible a la gente nueva o a los miembros renuentes que todavía no están listos para hablar, orar, o hacer algo. Si creas un buen ambiente, en su momento la gente participará. Si alguno en tu grupo jamás participa, procura hablar con él en privado y anímalo a participar. Háblale sobre lo importante que él es para ti, sobre cuánto lo ama y aprecia el grupo, y que el mismo valoraría mucho su aporte. Recuerda: las aguas quietas, con frecuencia, son profundas.

7. **Haz transiciones entre pregunta y pregunta.** Pide a algunos de los miembros que lean los pasajes bíblicos. No designes a ninguno, sino pide voluntarios. Luego, sé paciente hasta que alguno comience. Agradece a la persona que haya leído en voz alta.

8. **Ocasionalmente, divídanse en subgrupos.** Las secciones *«Crecer»* y *«Adoración»*, proporcionan buenas oportunidades para formar subgrupos de 3 a 5 personas. Al tener una mayor oportunidad de hablar, la gente se conectará más con el estudio, aplicará más rápidamente lo que está aprendiendo; y en última instancia, sacará mayor provecho de su experiencia de grupo. Un subgrupo crea un ambiente propicio para que las personas más introvertidas participen, tendiendo a minimizar el efecto de las personas con carácter más dominante.

Los círculos más pequeños crean un ambiente más propicio para la oración. La gente que no está acostumbrada a orar en voz alta, se siente más cómoda haciéndolo en un grupo de dos o tres personas. Asimismo, las peticiones de oración no consumirán tanto tiempo, permitiendo que haya más tiempo para orar. Al volver a reunirse el grupo entero, puedes hacer que una persona de cada subgrupo comunique brevemente las peticiones de oración de su subgrupo. La otra gran ventaja de los subgrupos es que fomentan el desarrollo de líderes. Cuando la gente comienza a liderar la oración o las discusiones dentro de un subgrupo, asume funciones de liderazgo que edifican su confianza.

9. **Ocasionalmente, rota a los anfitriones/líderes.** Puede que seas perfectamente capaz de oficiar como anfitrión/líder todas las sesiones; pero si le das a otros la oportunidad de ser anfitriones/líderes, los ayudarás a crecer espiritualmente.

10. **Un desafío final.** Antes de que lideres por primera vez, lee cada uno de los pasajes que se mencionan a continuación. Léelos como un ejercicio de meditación que preparará tu corazón de pastor. Confía en nosotros. Si lo haces, estarás más que listo para tu primera reunión.

Mateo 10:36–38

Al ver a las multitudes, tuvo compasión de ellas, porque estaban agobiadas y desamparadas, como ovejas sin pastor. «La cosecha es abundante, pero son pocos los obreros —les dijo a sus discípulos—. Pídanle, por tanto, al Señor de la cosecha que envíe obreros a su campo».

Juan 10:14–15

«Yo soy el buen pastor; conozco a mis ovejas, y ellas me conocen a mí, así como el Padre me conoce a mí y yo lo conozco a él, y doy mi vida por las ovejas».

1 Pedro 5:2–4

Cuiden como pastores el rebaño de Dios que está a su cargo, no por obligación ni por ambición de dinero, sino con afán de servir, como Dios quiere. No sean tiranos con los que están a su cuidado, sino sean ejemplos para el rebaño. Así, cuando aparezca el Pastor supremo, ustedes recibirán la inmarcesible corona de gloria.

Filipenses 2:1–5 (BLS)

Estoy seguro de que Cristo les ha dado a ustedes poder para animar a los demás. El amor que ustedes tienen los lleva a consolar a otros, y sé que todos tienen el mismo Espíritu y son compasivos. Por eso les pido a todos ustedes que me hagan totalmente feliz, viviendo en armonía y amándose unos a otros. Pónganse de acuerdo en lo que piensan, deseen las mismas cosas y no hagan nada por orgullo o solo por pelear. Al contrario, hagan todo con humildad y vean a los demás como mejores a ustedes mismos. Nadie busque el bien solo para sí mismo, sino para todos. Tengan la misma manera de pensar que tuvo Jesucristo.

Hebreos 10:23–25

Mantengamos firme la esperanza que profesamos, porque fiel es el que hizo la promesa. Preocupémonos los unos por los otros, a fin de estimularnos al amor y a las buenas obras. No dejemos de congregarnos, como acostumbran hacerlo algunos, sino animémonos unos a otros, y con mayor razón ahora que vemos que aquel día se acerca.

1 Tesalonicenses 2:7–8, 11–12

Los tratamos con delicadeza. Como una madre que amamanta y cuida a sus hijos, así nosotros, por el cariño que

*les tenemos, nos deleitamos en compartir con ustedes no
solo el evangelio de Dios sino también nuestra vida. ¡Tanto
llegamos a quererlos!... Saben también que a cada uno de
ustedes lo hemos tratado como trata un padre a sus propios
hijos. Los hemos animado, consolado y exhortado a llevar
una vida digna de Dios, que los llama a su reino y a su gloria.*

Preguntas frecuentes

¿Durante cuánto tiempo se reunirá este grupo?

Esta es una serie de seis semanas, pero animamos a los grupos a
que añadan una semana más para la reunión de celebración. En la
sesión final, cada miembro decidirá si desea o no continuar y hacer
otro estudio. Para entonces, tal vez quieras hacer una evaluación
informal, discutir *el acuerdo y* las *directivas* de la página 84, y elegir la
próxima guía de estudio.

¿Qué es un anfitrión?

El anfitrión es la persona que coordina y guía tus reuniones de
grupo pequeño. Si no tienes un líder, habla acerca de quién
desempeñará ese rol en tu grupo. Luego, selecciona uno o más
líderes de discusión. *El líder de discusión y el anfitrión pueden
o no ser la misma persona*. Recomendamos rotar el rol de líder
de discusión, dando la oportunidad de que cada uno desarrolle sus
dones. Hay varias responsabilidades dentro del grupo que se pueden
rotar, incluidas las de aportar las comidas, registrar los pedidos de
oración, la adoración o llamar a los que han faltado a una reunión. La
responsabilidad compartida ayuda al grupo a crecer.

¿Dónde encontramos nuevos miembros para nuestro grupo?

Este puede ser un problema para los grupos nuevos que comienzan con poca gente, o para grupos existentes que han perdido algunos miembros. Todos los grupos experimentan algún tipo de desgaste, como resultado de mudanzas, cambio de líderes, oportunidades ministeriales, etc. Si el grupo se hace demasiado pequeño, existe el peligro de que se extinga. Te animamos a usar el diagrama de los *Círculos de la vida* de la página 87, para ayudarte a desarrollar una lista de gente de tu trabajo, iglesia, vecindario, compañeros de escuela de tus hijos, familiares, compañeros del gimnasio, etc. Ora por esas personas que pusiste en tu lista. Haz que cada persona del grupo invite a varias personas de su lista. No importa cómo busques nuevos miembros, es importante continuar buscando activamente nueva gente que se una a tu grupo. Recuerda, la próxima persona que tú invites podría convertirse en un amigo para la eternidad. Nunca se sabe de antemano.

¿Cómo resolvemos el cuidado de niños?

Este es un tema delicado. Sugerimos que busquen soluciones creativas. Una solución muy común es compartir el costo de tener una o dos personas que cuiden a los niños en una habitación de la casa, mientras el grupo se reúne en otra. Otra solución muy popular es que los niños se reúnan en un hogar y los adultos en otro (cercano). Los adultos podrían rotarse la responsabilidad de impartir la lección a los niños. Esta última opción es grandiosa para los niños en edad escolar, y puede ser una gran bendición para las familias.

Directivas de cada sesión para los líderes

Aquí encontrarás las ideas claves, experiencias o compromisos de cada sesión. Esto es lo que Dios espera que hagan al estudiar, conversar, y orar juntos. El líder debe repasar este plan antes de cada lección.

Sesión 1: ¿Para qué estoy aquí en la tierra?
- Repasa con el grupo y firmen *el acuerdo y* las *directivas del grupo* (página 84).
- Considera las consecuencias de no conocer tu propósito.
- Descubre los beneficios de conocer tu propósito y vive una vida con propósito.

Sesión 2: Adoración. Fuiste planeado para agradar a Dios
- Entiende cómo tener una vida agradable a Dios.
- Clarifica por qué deberíamos vivir para agradar a Dios.
- Dediquemos nuestras vidas completamente a Dios.

Sesión 3: Comunión. Fuiste hecho para la familia de Dios
- Encuentra un compañero espiritual que te anime a crecer.
- Descubre el tipo de relaciones que generan un compañerismo profundo y genuino.
- Planifica el próximo paso que puedes dar para crecer en lo que se refiere a tener comunión.

Sesión 4: Discipulado. Fuiste creado para ser como Cristo
- Entiende la parte de Dios en el proceso de maduración espiritual.
- Toma conciencia de tu responsabilidad en el proceso de crecimiento.
- Ve las oportunidades de servir a otros y hablar de Cristo en medio de tus circunstancias.

Sesión 5: Ministerio. Fuiste formado para servir a Dios

- Entiende los «Cuatro pasos para servir con propósito».
- Comprométete individualmente en un ministerio de la iglesia local.
- Considera alguna necesidad que el grupo podría satisfacer dentro de la iglesia.

Sesión 6: Evangelismo. Fuiste hecho para una misión

- Aprende las «Cuatro claves para cumplir la misión de Dios en el mundo».
- Discute el futuro de tu grupo.
- Festeja todo lo que Dios ha hecho durante esta serie.

Acuerdo y directivas del grupo

Es una buena idea que cada grupo exprese por escrito cuáles son los valores y expectativas de grupo, y definan el compromiso que asumen. Estas directivas les ayudarán a evitar malentendidos y expectativas insatisfechas. Recomendamos discutir las directivas en la primera sesión, a fin de poner las bases para una experiencia de grupo saludable. Siéntete en libertad para modificar alguna cosa que no funcione en tu grupo.

Estamos de acuerdo en los siguientes valores:

Propósito claro   Tener vidas espirituales saludables, construyendo una comunidad saludable a través de nuestro grupo pequeño.

Asistir al grupo	Dar prioridad a las reuniones de grupo (llamar si estaré ausente o llegaré tarde).
Ambiente seguro	Crear una atmósfera segura, donde la gente pueda ser escuchada y amada (sin respuestas rápidas, juicios apresurados o soluciones fáciles).
Confidencialidad	Mantener la confidencialidad de todo lo que se habla en el grupo.
Resolver conflictos	Evitar el chisme, resolviendo inmediatamente cualquier problema, según los principios de Mateo 18:15–17.
Salud espiritual	Conceder permiso a los miembros de mi grupo para tocar temas personales que me ayuden a tener una vida saludable, equilibrada y que agrade a Dios.
Limitar nuestra libertad	No servir bebidas alcohólicas durante las reuniones o eventos del grupo, a fin de no hacer que un hermano/a más débil tropiece (1 Corintios 8:1–13; Romanos 14:19–21).

Personas nuevas   Invitar a amigos que puedan
beneficiarse con este estudio. Recibir
cálidamente a las personas nuevas.

Edificar relaciones   Conocernos unos a otros y orar unos
por otros regularmente.

Otros   _____

También nos hemos puesto de acuerdo sobre los siguientes puntos:

Cuidado de niños

_____

_____

_____

Hora de comienzo

_____

Hora de terminación

_____

Si todavía no lo has hecho, completa el calendario de la página 90.

Los círculos de la vida – Las conexiones del grupo

Descubre a quién puedes vincular a tu grupo.

Usa esta tabla para ayudarte a cumplir uno de los objetivos expuestos en el *acuerdo y* las *directivas del grupo*: «Recibir cálidamente a las personas nuevas».

«Vengan, síganme... y los haré pescadores de hombres».
Mateo 4:19

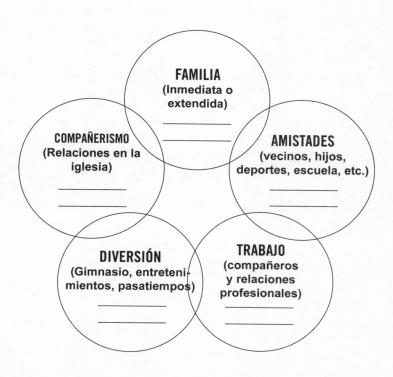

Sigue estos tres pasos simples:

1. Escribe el nombre de una o dos personas en cada círculo.

2. Escoge, en oración, a una persona o pareja y cuéntaselo al grupo.

3. Llámalas e invítalas a la próxima reunión. Más del cincuenta por ciento de quienes invites a tu grupo pequeño dirán: «¡Sí!».

Informe de oración y alabanza del grupo pequeño

En este lugar puedes escribir los pedidos de oración del grupo. También puedes tomar nota cuando Dios responde una oración. Oren los unos por los otros. Si eres nuevo en el grupo, está bien si oras en silencio o usando una sola frase: «Señor, ayuda a

_____ que _____».

FECHA	PERSONA	PEDIDO DE ORACIÓN	RESPUESTA/ ACCIÓN DE GRACIAS

FECHA	PERSONA	PEDIDO DE ORACIÓN	RESPUESTA/ ACCIÓN DE GRACIAS

FECHA	PERSONA	PEDIDO DE ORACIÓN	RESPUESTA/ ACCIÓN DE GRACIAS

Calendario del grupo pequeño

Los grupos saludables comparten las responsabilidades del grupo. Desarrollar esta actitud puede llevar algo de tiempo. Cuando todos los miembros sienten que el grupo les pertenece, la responsabilidad no recae sobre una sola persona. Usa el calendario para anotar los eventos sociales, proyectos misioneros, cumpleaños y días feriados. Completa este calendario en tu primera o segunda reunión. Planear anticipadamente incrementará la asistencia y la responsabilidad compartida.

FECHA	LECCIÓN	LUGAR	LÍDER	COMIDA
10/22	Sesión 2	Esteban y Laura	Guillermo	Juan y Alicia

Cómo funciona la evaluación

La *Evaluación de la salud espiritual* ha sido diseñada para ayudarte a evaluar el equilibrio de los cinco propósitos en tu vida e identificar tus fortalezas y debilidades. La evaluación consiste en 35 afirmaciones que están ligadas a los cinco propósitos.

Instrucciones

1. Evalúate en cada una de las afirmaciones, usando una escala de 0 a 5. Cero significa que la afirmación no concuerda contigo y cinco, que se identifica plenamente contigo.

2. Después de evaluar cada afirmación, cuenta los resultados y transfiérelos a la tabla de la página 93. Luego, suma los números en cada columna a fin de obtener tu puntaje en cada uno de los propósitos.

3. Busca el *Plan de salud espiritual* de la página 96, para más información.

Mi evaluación de salud espiritual

ADORACIÓN

1. _____
6. _____
11. _____
16. _____
21. _____
26. _____
31. _____

COMUNIÓN

2. _____
7. _____
12. _____
17. _____
22. _____
27. _____
32. _____

DISCIPULADO

3. _____
8. _____
13. _____
18. _____
23. _____
28. _____
33. _____

MINISTERIO

4. _____
9. _____
14. _____
19. _____
24. _____
29. _____
34. _____

EVANGELISMO

5. _____
10. _____
15. _____
20. _____
25. _____
30. _____
35. _____

Evaluación de la salud espiritual

	No me describe	Me describe un poco	Me describe muy bien

1. La prioridad más alta de mi vida es agradar a Dios. 0   1   2   3   4   5

2. Soy genuino, abierto y honesto respecto a quien soy. 0   1   2   3   4   5

3. Confieso rápidamente cualquier cosa en mí que no refleje a Cristo. . . . 0   1   2   3   4   5

4. A menudo, pienso en cómo usar mi tiempo para servir a Dios. 0   1   2   3   4   5

5. Me siento responsable de hablar a otros de Cristo. 0   1   2   3   4   5

6. Dependo de Dios en cada aspecto de mi vida. 0   1   2   3   4   5

7. Uso mi tiempo y recursos para suplir las necesidades de otros. 0   1   2   3   4   5

8. El uso de mi tiempo y dinero muestra que pienso más en Dios y
en otros que en mí mismo. 0   1   2   3   4   5

9. Estoy sirviendo a Dios con los dones y pasiones que me ha dado. 0   1   2   3   4   5

10. Busco oportunidades de hacer relaciones con no creyentes. 0   1   2   3   4   5

11. No hay nada en mi vida que no haya rendido a Dios. 0   1   2   3   4   5

12. Me siento muy conectado con la gente de la iglesia. 0   1   2   3   4   5

13. Permito que Dios guíe mis pensamientos y cambie mi conducta. 0   1   2   3   4   5

14. Reflexiono a menudo sobre cómo puede impactar mi vida
en el reino de Dios. 0   1   2   3   4   5

15. Oro regularmente por quienes no conocen a Cristo. 0   1   2   3   4   5

16. Medito regularmente en la palabra de Dios y le invito a él
a participar en mi vida cotidiana. 0   1   2   3   4   5

17. No me cuesta que alguien que me conoce me diga la verdad. 0   1   2   3   4   5

18. Puedo alabar a Dios en tiempos difíciles, viéndolos como
una oportunidad de crecer. 0   1   2   3   4   5

19. Pienso a menudo en cómo usar mi FORMA para agradar a Dios. 0   1   2   3   4   5

20. Tengo confianza en mi habilidad de testificar de Cristo. 0   1   2   3   4   5

21. Deseo profundamente estar en la presencia de Dios
y pasar tiempo con él. 0   1   2   3   4   5

22. Me reúno regularmente con otros cristianos con propósitos
de compañerismo y mutua rendición de cuentas. 0   1   2   3   4   5

23. Me doy cuenta que cada vez que soy tentado, tomo decisiones
que me hacen crecer. 0   1   2   3   4   5

24. Disfruto satisfaciendo las necesidades de otros,
sin esperar nada a cambio. 0   1   2   3   4   5

25. Me apasiona hablar de las buenas nuevas con aquellos
que nunca las han escuchado. 0   1   2   3   4   5

26. Soy la misma persona en público que en privado. 0   1   2   3   4   5

27. No tengo situaciones no resueltas en mis relaciones personales. 0   1   2   3   4   5

28. La oración ha cambiado mi forma de pensar
e interactuar con el mundo. 0   1   2   3   4   5

29. Las personas más cercanas a mí dicen que mi vida refleja
el principio: «es mejor dar que recibir». 0   1   2   3   4   5

30. Mi relación con Jesús surge con frecuencia en conversaciones
con no cristianos. 0   1   2   3   4   5

31. Tengo un tremendo sentido de la presencia de Dios,
aun cuando no siento su presencia. 0   1   2   3   4   5

32. No hay nada en la manera que hablo o actúo respecto
a otros que no estaría dispuesto a discutir con ellos en persona. 0   1   2   3   4   5

33. Tengo la actitud constante de adquirir hábitos que me ayuden
a parecerme más a Cristo. 0   1   2   3   4   5

34. Reconozco mis debilidades y las veo como oportunidades
para ministrar a otros. 0   1   2   3   4   5

35. Estoy dispuesto a ir donde Dios me llame para hablar de mi fe. 0   1   2   3   4   5

Plan de Salud Espiritual

Después de completar la *Evaluación de la salud espiritual*, enfócate en las áreas donde sientas que debes crecer y completa este *Plan de salud*. Completa las posibles ideas para desarrollar tu vida espiritual en cada área; luego, transforma esas posibilidades en pasos concretos que determinarás cumplir para crecer en cada propósito.

Propósitos	Posibilidades	Planes (Pasos estratégicos)
RELACIONARSE (Comunión) ¿CÓMO PUEDO PROFUNDIZAR MI RELACIÓN CON OTROS? • FAMILIA/AMIGOS • DESARROLLO EMOCIONAL/RELACIONAL • LA COMUNIDAD DEL GRUPO PEQUEÑO		
CRECER (Discipulado) ¿CÓMO PUEDO LLEGAR A SER COMO CRISTO? • DISCIPLINAS ESPIRITUALES • MAYORDOMÍA FINANCIERA • DESARROLLO DEL CARÁCTER		
SERVIR (Ministerio) ¿CÓMO PUEDO SERVIR A DIOS Y A LOS DEMÁS? • MINISTRAR AL CUERPO • FORMAR LÍDERES • ENTRENAMIENTO CONTINUO		
HABLAR DE MI FE (Evangelismo) ¿CÓMO PUEDO HABLAR DE CRISTO REGULARMENTE? • MI MISIÓN EN EL MUNDO • AMIGOS, FAMILIARES, VECINOS Y COMPAÑEROS DE TRABAJO NO CRISTIANOS		

ADORAR (Adoración) ¿CÓMO VIVO PARA AGRADAR A DIOS? • ASISTIR REGULARMENTE A LA IGLESIA • ESCUCHAR MATERIAL DE ADORACIÓN Y MEDITACIÓN ESPIRITUAL		

Respuestas para los espacios en blanco

Sesión uno:

Si no conoces el propósito de tu vida, la misma te parecerá **TEDIOSA**.

Si no conoces el propósito de tu vida, la misma te producirá **INSATISFACCIÓN**.

Si no conoces el propósito de tu vida, la misma te parecerá **INCONTROLABLE**.

Conocer el propósito de Dios para tu vida, la **ENFOCARÁ**.

Conocer el propósito de Dios para tu vida, la **SIMPLIFICARÁ**.

Conocer el propósito de Dios para tu vida, aumentará tu **MOTIVACIÓN**.

Conocer el propósito de Dios para tu vida, te preparará para la **ETERNIDAD**.

Sesión dos:

El principio de la **DEDICACIÓN**.

La adoración es una dedicación **VOLUNTARIA** de tu vida a Dios.

La adoración es una dedicación **PRÁCTICA** de tu vida a Dios.

La adoración es una dedicación **COMPLETA** de tu vida a Dios.

El principio de la **SEPARACIÓN**.

El principio de la **TRANSFORMACIÓN**.

Una vida de adoración es **LA BUENA VOLUNTAD** de Dios para ti.

Una vida de adoración es **LA VOLUNTAD AGRADABLE** de Dios para ti.

Una vida de adoración es **LA VOLUNTAD PERFECTA** de Dios para ti.

Sesión tres:

El primer ladrillo de la comunión es la **AUTENTICIDAD**.

El segundo ladrillo de la comunión es la **CORTESÍA**.

El tercer ladrillo de la comunión es la **MUTUALIDAD**.

APOYO mutuo.

HONRA mutua.

RESPONSABILIDAD mutua.

El cuarto ladrillo de la comunión es la **HOSPITALIDAD**.

El quinto ladrillo de la comunión es la **UNIDAD**.

Sesión cuatro:

La primera herramienta que Dios usa para hacerte más semejante a Cristo es la **BIBLIA**.

La voluntad de Dios se **ENCUENTRA** siempre en su palabra.

La voluntad de Dios nunca **CONTRADICE** la Biblia.

La segunda herramienta que Dios usa para hacerte más semejante a Cristo es el poder de su **ESPÍRITU SANTO.**

La tercera herramienta que Dios usa para hacerte más semejante a Cristo son las **CIRCUNSTANCIAS**.

Puedes elegir **EN QUÉ PIENSAS**.

Puedes elegir **DEPENDER** del Espíritu Santo de Dios, momento a momento.

Puedes elegir **RESPONDER** a las circunstancias del mismo modo que respondería Jesús.

Sesión cinco:

GUARDAR DISTANCIA

CURIOSO, PERO INSENSIBLE

ACERCARSE Y OCUPARSE

EMPEZAR VIENDO las necesidades de la gente a tu alrededor.

IDENTIFICARME con el dolor de la gente.

APROVECHAR el momento y satisfacer la necesidad.

GASTAR lo que sea necesario.

Sesión seis:

Evangelismo significa **CONTAR BUENAS NOTICIAS**.

El principio de **LA COMPASIÓN**.

Ora para que Dios ablande **TU CORAZÓN**.

Ora para que Dios te dé a ti y a tu grupo **OPORTUNIDADES** para invitar a personas no creyentes.

Ora pidiendo que Dios ablande **LOS CORAZONES** de los no creyentes.

El principio de **LA FE.**

El principio de **LA ACCIÓN.**

El principio de **LA PERSISTENCIA.**

Versículos para memorizar

Esto es una de las maneras más efectivas de entender mejor los principios que estamos aprendiendo en esta serie. Para muchos, la memorización de versículos es un concepto nuevo, o algo que les ha resultado muy difícil en el pasado. Te animamos a desafiarte a ti mismo e intentar memorizar estos seis versículos clave. Si es posible, destinen un momento de la reunión para aprender los versículos.

«En mi corazón atesoro tus dichos para no pecar contra ti».

Salmos 119:11

Semana uno *«Porque somos hechura de Dios, creados en Cristo Jesús para buenas obras, las cuales Dios dispuso de antemano a fin de que las pongamos en práctica».* Efesios 2:10	**Semana dos** *«Ama al Señor tu Dios con todo tu corazón, con toda tu alma, con toda tu mente y con todas tus fuerzas».* Marcos 12:30
Semana tres *«También nosotros, siendo muchos, formamos un solo cuerpo en Cristo, y cada miembro está unido a todos los demás».* Romanos 12:5	**Semana cuatro** *«La actitud de ustedes debe ser como la de Cristo Jesús...».* Filipenses 2:5
Semana cinco *«Cada uno ponga al servicio de los demás el don que haya recibido».* 1 Pedro 4:10	**Semana seis** *«Compórtense sabiamente con los que no creen en Cristo, aprovechando al máximo cada momento oportuno».* Colosenses 4:5

Una vida con propósito

Plan de lecturas diarias

SEMANA 1: ¿PARA QUÉ ESTOY AQUÍ EN LA TIERRA? (Introducción)

FECHA

☐ Día 1:   Todo comienza con Dios . . . . _____
☐ Día 2:   No eres un accidente. . . . . _____
☐ Día 3:   ¿Qué guía tu vida?. . . . . _____
☐ Día 4:   Creados para vivir por siempre . . . . _____
☐ Día 5:   La vida desde la perspectiva de Dios . . . . _____
☐ Día 6:   La vida es una asignación temporal . . . . _____
☐ Día 7:   El por qué de todo . . . . _____

SEMANA 2: FUISTE PLANEADO PARA AGRADAR A DIOS (Adoración)

☐ Día 8:   Planeado para agradar a Dios . . . . _____
☐ Día 9:   ¿Qué hace sonreír a Dios?. . . . . _____
☐ Día 10: El corazón de la adoración . . . . _____
☐ Día 11: Hagámonos los mejores amigos de Dios . . . . . . _____
☐ Día 12: Desarrolla tu amistad con Dios. . . . . _____
☐ Día 13: La adoración que agrada a Dios . . . . _____
☐ Día 14: Cuando Dios parece distante . . . . _____

SEMANA 3: FUISTE FORMADO PARA LA FAMILIA DE DIOS (Comunión)

☐ Día 15: Hecho para la familia de Dios . . . . _____
☐ Día 16: Lo que más importa . . . . _____
☐ Día 17: Un lugar donde pertenecer. . . . . _____
☐ Día 18: Viviendo la vida juntos . . . . _____
☐ Día 19: Cultivar la vida en comunidad . . . . _____
☐ Día 20: Restaura el compañerismo. . . . . _____
☐ Día 21: Cuida tu iglesia . . . . _____

SEMANA 4: FUISTE CREADO PARA SER COMO CRISTO (Discipulado)

FECHA

☐ Día 22: Creado para ser como Cristo . . . . _____
☐ Día 23: Cómo crecemos . . . . _____
☐ Día 24: Transformados por la verdad. . . . . _____
☐ Día 25: Transformados por los problemas . . . . _____
☐ Día 26: Crecimiento a través de la tentación . . . . _____
☐ Día 27: Cómo derrotar la tentación . . . . _____
☐ Día 28: Requiere tiempo . . . . _____

SEMANA 5: FUISTE FORMADO PARA SERVIR A DIOS (Ministerio)

☐ Día 29: Acepta tu asignación . . . . _____
☐ Día 30: Formado para servir a Dios . . . . _____
☐ Día 31: Entiende tu FORMA . . . . _____
☐ Día 32: Usa lo que Dios te ha dado . . . . _____
☐ Día 33: Cómo actúan los verdaderos siervos . . . . _____
☐ Día 34: Mentalidad de siervo . . . . _____
☐ Día 35: El poder de Dios en tu debilidad . . . . _____

SEMANA 6: FUISTE HECHO PARA UNA MISIÓN (Evangelismo)

☐ Día 36: Hecho para una misión. . . . . _____
☐ Día 37: Comparte el mensaje de tu vida . . . . _____
☐ Día 38: Conviértete en un cristiano de clase mundial . . . . . _____
☐ Día 39: Equilibra tu vida . . . . _____
☐ Día 40: Vive con propósito . . . . _____

NOMBRE	TELÉFONO DE LA CASA	E-MAIL
1.		
2.		
3.		
4.		
5.		
6.		
7.		
8.		
9.		
10.		

NOMBRE	TELÉFONO DE LA CASA	E-MAIL
11.		
12.		
13.		
14.		
15.		
16.		
17.		
18.		
19.		
20.		

DISFRUTE DE OTRAS PUBLICACIONES DE EDITORIAL VIDA

Desde 1946, Editorial Vida es fiel amiga del pueblo hispano a través de la mejor literatura evangélica. Editorial Vida publica libros prácticos y de sólidas doctrinas que enriquecen el caudal de conocimiento de sus lectores.

Nuestras Biblias de Estudio poseen características que ayudan al lector a crecer en el conocimiento de las Sagradas Escrituras y a comprenderlas mejor. Vida Nueva es el más completo y actualizado plan de estudio de Escuela Dominical y el mejor recurso educativo en español. Además, nuestra serie de grabaciones de alabanzas y adoración, Vida Music renueva su espíritu y llena su alma de gratitud a Dios.

En las siguientes páginas se describen otras excelentes publicaciones producidas especialmente para usted. Adquiera productos de Editorial Vida en su librería cristiana más cercana.

Una vida con propósito

Rick Warren, reconocido autor de *Una Iglesia con Propósito*, plantea ahora un nuevo reto al creyente que quiere alcanzar una vida victoriosa. La obra enfoca la edificación del individuo como parte integral del proceso formador del cuerpo de Cristo. Cada ser humano tiene algo que le inspira, motiva o impulsa a actuar a través de su existencia. Y eso es lo que usted podrá descubrir cuando lea las páginas de *Una vida con propósito*.

0-8297-3786-3

LIDERAZGO
CON PROPÓSITO

AUDIO LIBRO

0 - 8 2 9 7 - 4 8 9 5 - 4

En estos doce capítulos acerca del liderazgo, el pastor Rick Warren examina la vida y el ministerio extraordinario de Nehemías, esbozando importantes puntos de vistas y analogías acerca de lo que conlleva el tener un éxito rotundo en la conducción de las personas a través de proyectos difíciles.

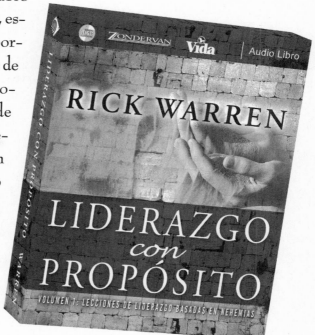

Nos agradaría recibir noticias suyas.
Por favor, envíe sus comentarios sobre este libro
a la dirección que aparece a continuación.
Muchas gracias.

Editorial Vida
8410 N.W. 53rd Terrace, Suite 103
Miami, FL 33166

Vida@zondervan.com
www.editorialvida.com